LOU RIPOLL
CRÉATRICE DE BLEU TANGO

L'AQUARELLE

RÉCIT ILLUSTRÉ D'UN APPRENTISSAGE

MANGO
éditions

Direction : Guillaume Pô
Direction éditoriale : Tatiana Delesalle
Édition : Hélène Raviart
Direction artistique : Chloé Eve assistée de Hugo Ribeiro
Création graphique : Lou Ripoll
Mise en pages : Loïc Audrain
Direction de fabrication : Thierry Dubus
Suivi de fabrication : Florence Bellot

1re édition – N° d'édition : M22142
ISBN : 9782317028694
Code MDS : MN28694
Achevé d'imprimer en juillet 2022
par Graphycems en Espagne

Dépôt légal : septembre 2022
www.mangoeditions.com

SOMMAIRE

Je dédie ce livre à ceux qui se reconnaîtront croqués dans mes personnages : merci de m'avoir accompagnée pour les uns, merci de m'accompagner pour les autres. Et un immense merci de plus à mes relecteurs attentifs et supporters bienveillants.

Lou, alias Andréa

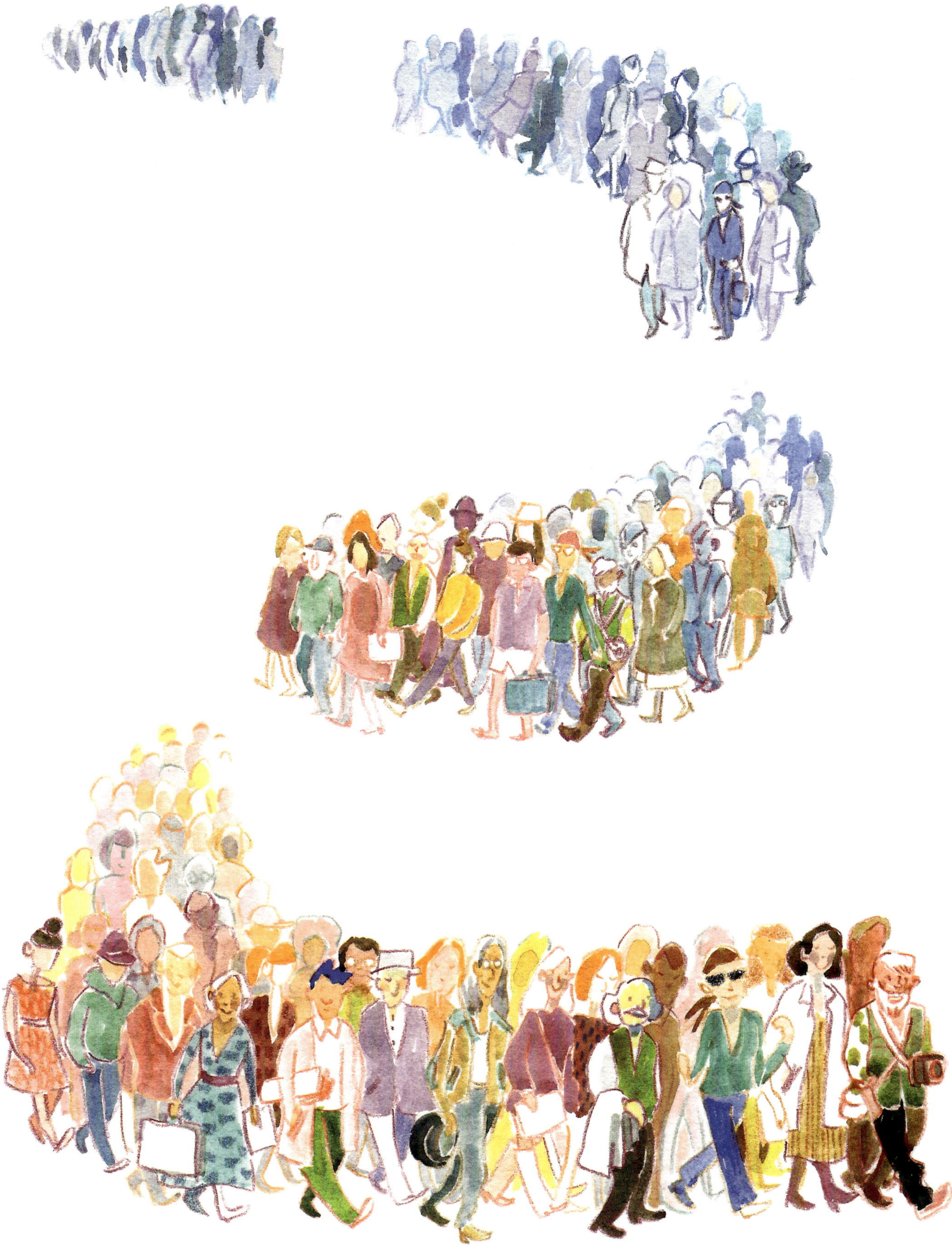

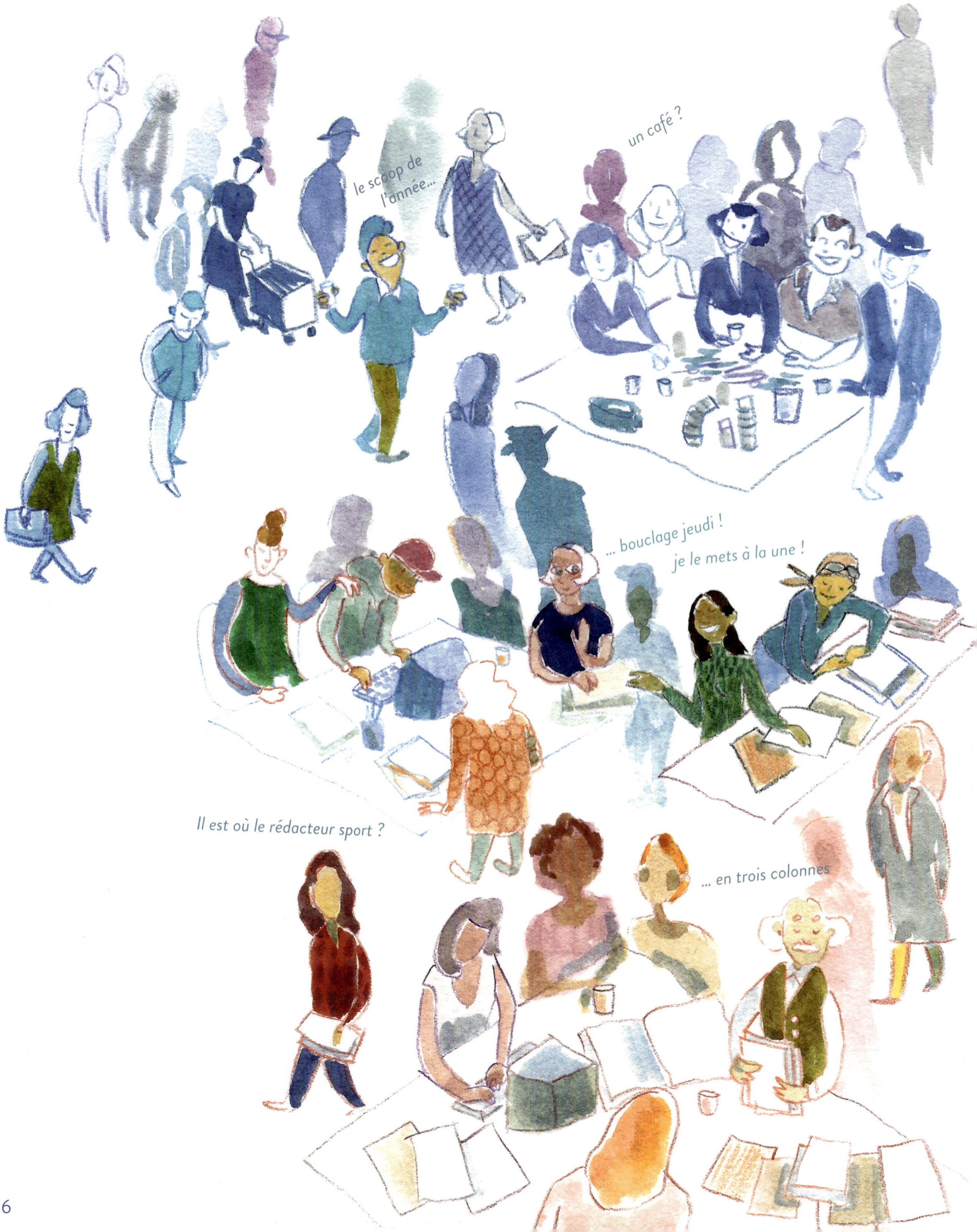
le scoop de l'année...
un café ?
... bouclage jeudi !
je le mets à la une !
Il est où le rédacteur sport ?
... en trois colonnes

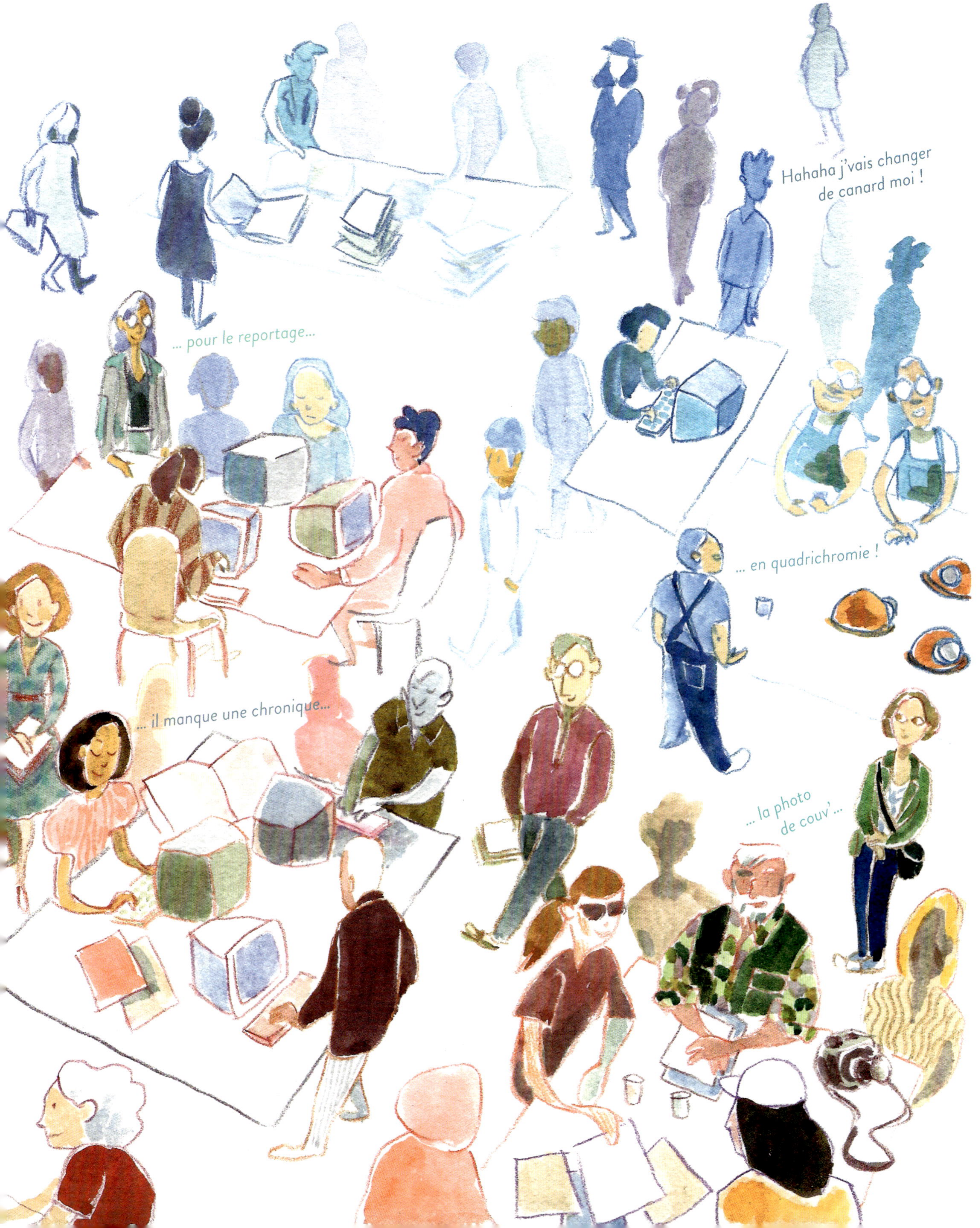
Hahaha j'vais changer de canard moi !
... pour le reportage...
... en quadrichromie !
... il manque une chronique...
... la photo de couv'...

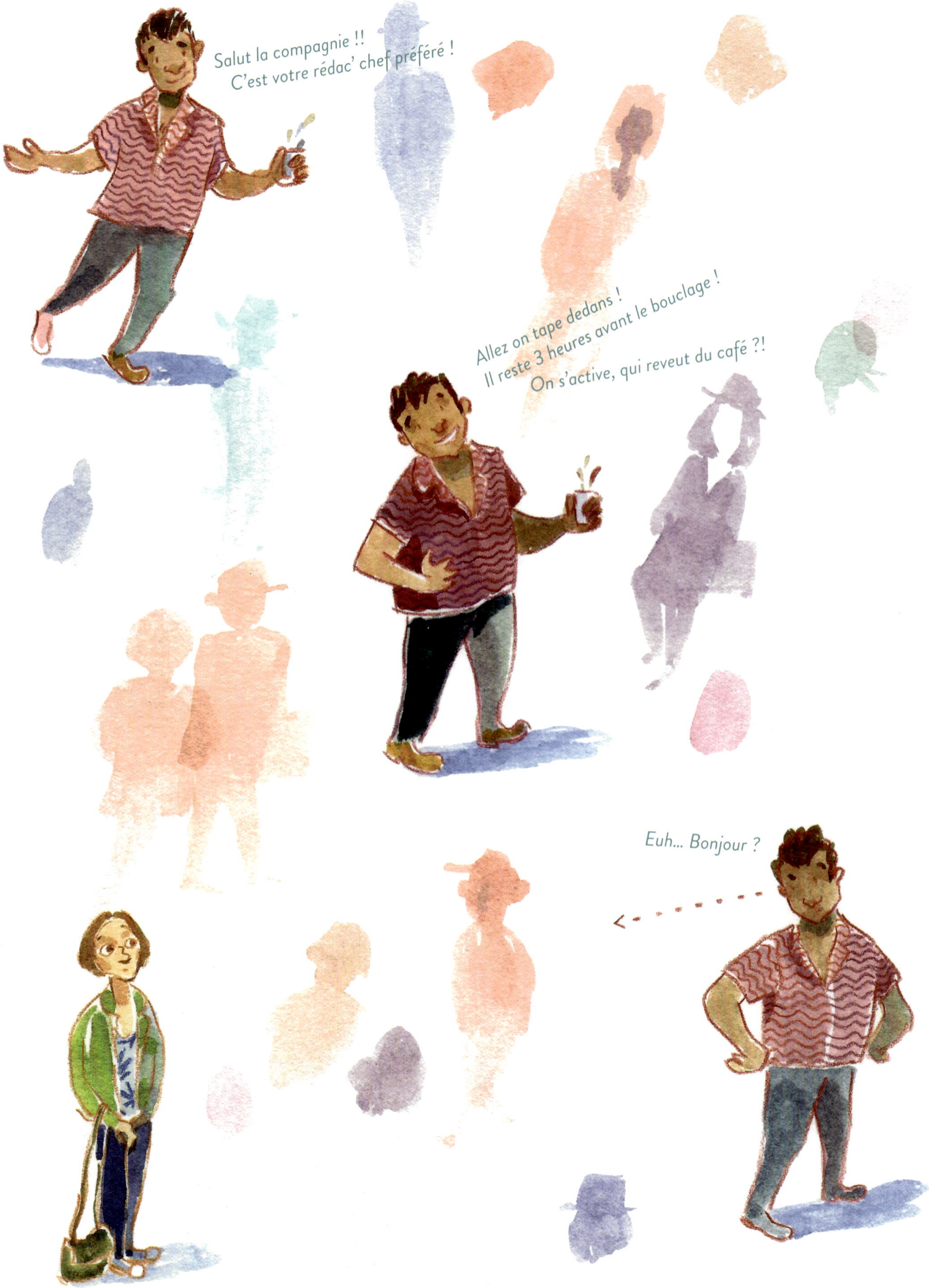
Salut la compagnie !!
C'est votre rédac' chef préféré !
Allez on tape dedans !
Il reste 3 heures avant le bouclage !
On s'active, qui reveut du café ?!
Euh... Bonjour ?

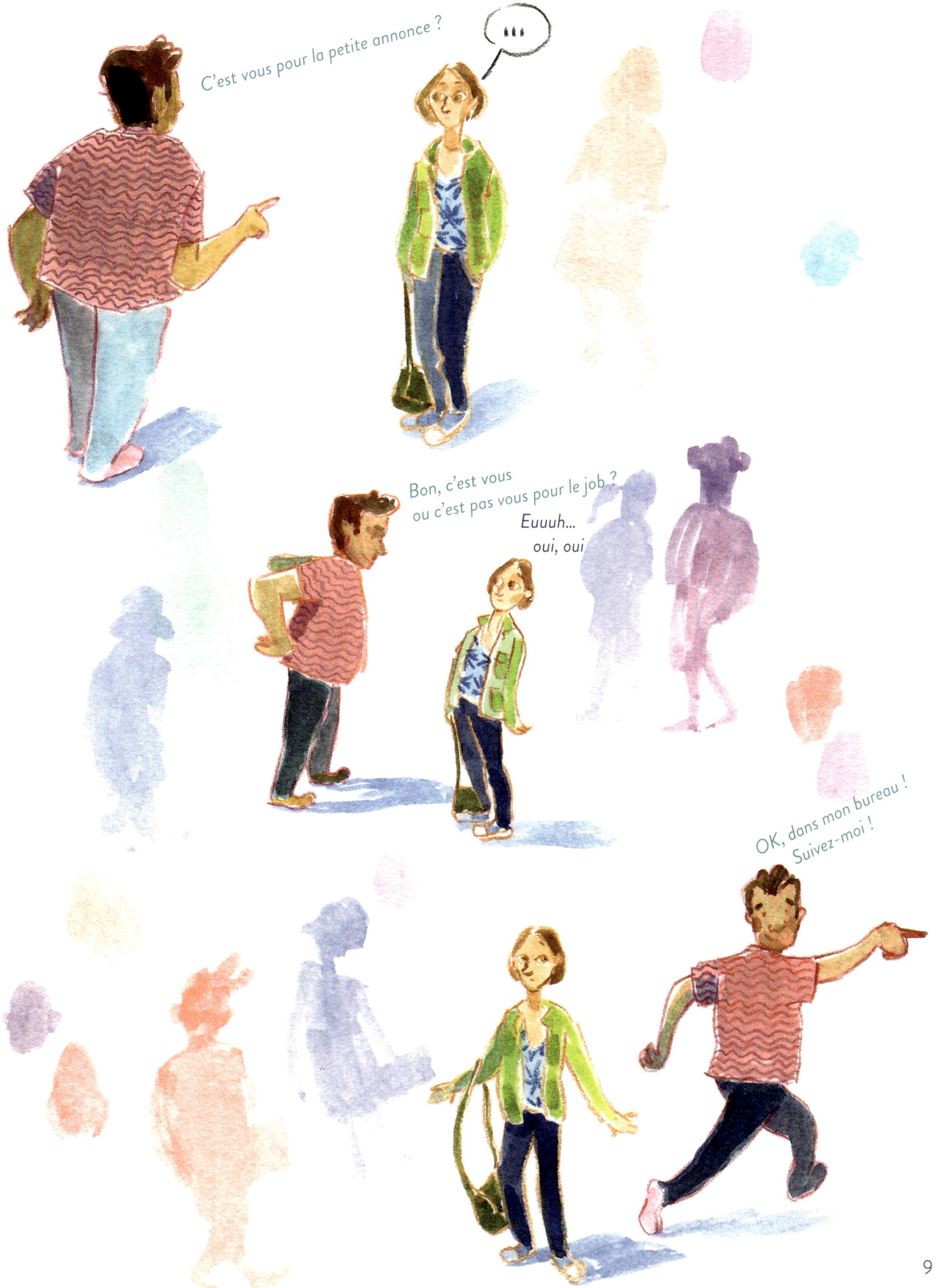
C'est vous pour la petite annonce ?
...
Bon, c'est vous ou c'est pas vous pour le job ?
Euuuh... oui, oui
OK, dans mon bureau ! Suivez-moi !

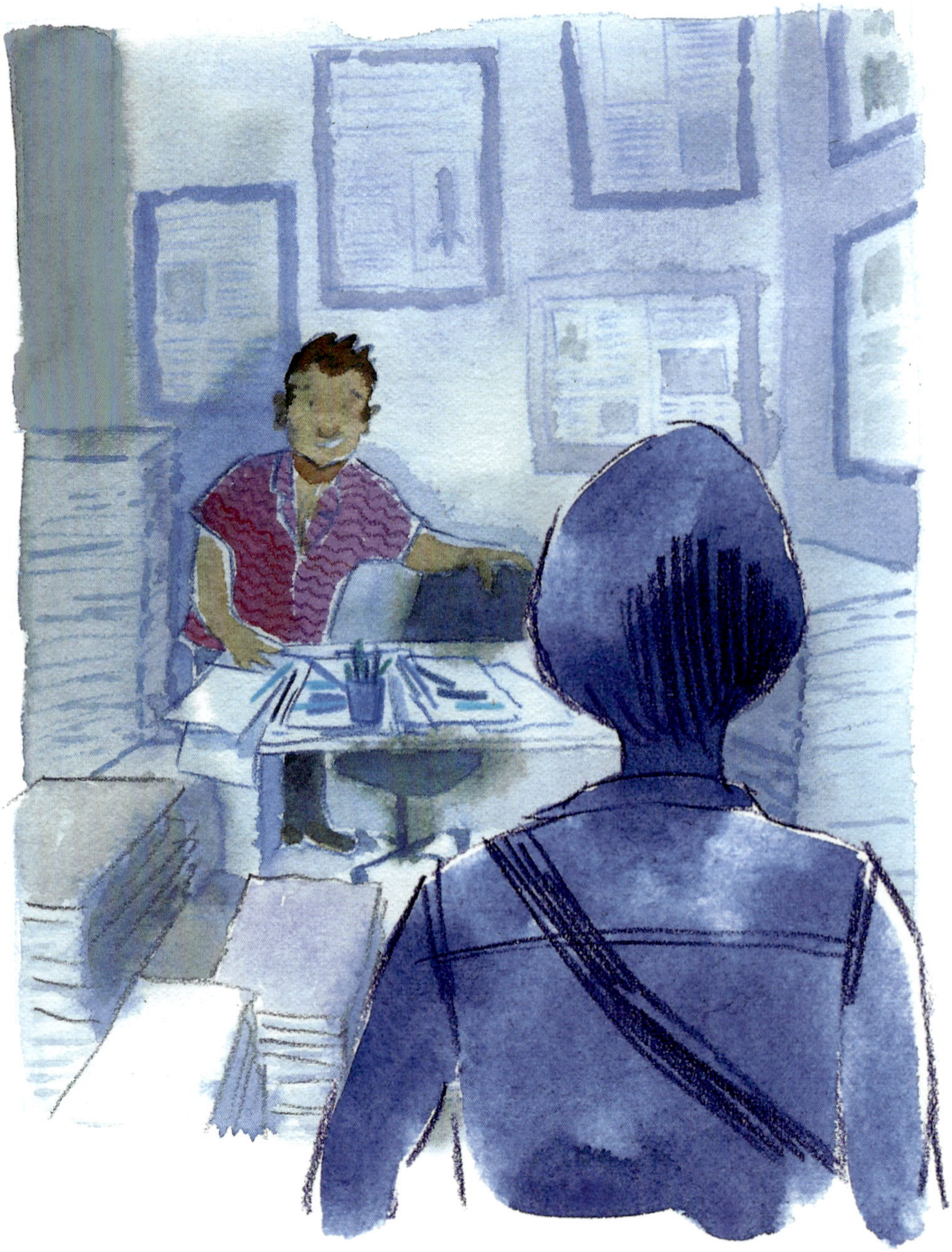

cobalt violet

bleu céruléen

terre d'ombre naturelle

bleu de Prusse

golden green

bleu outremer

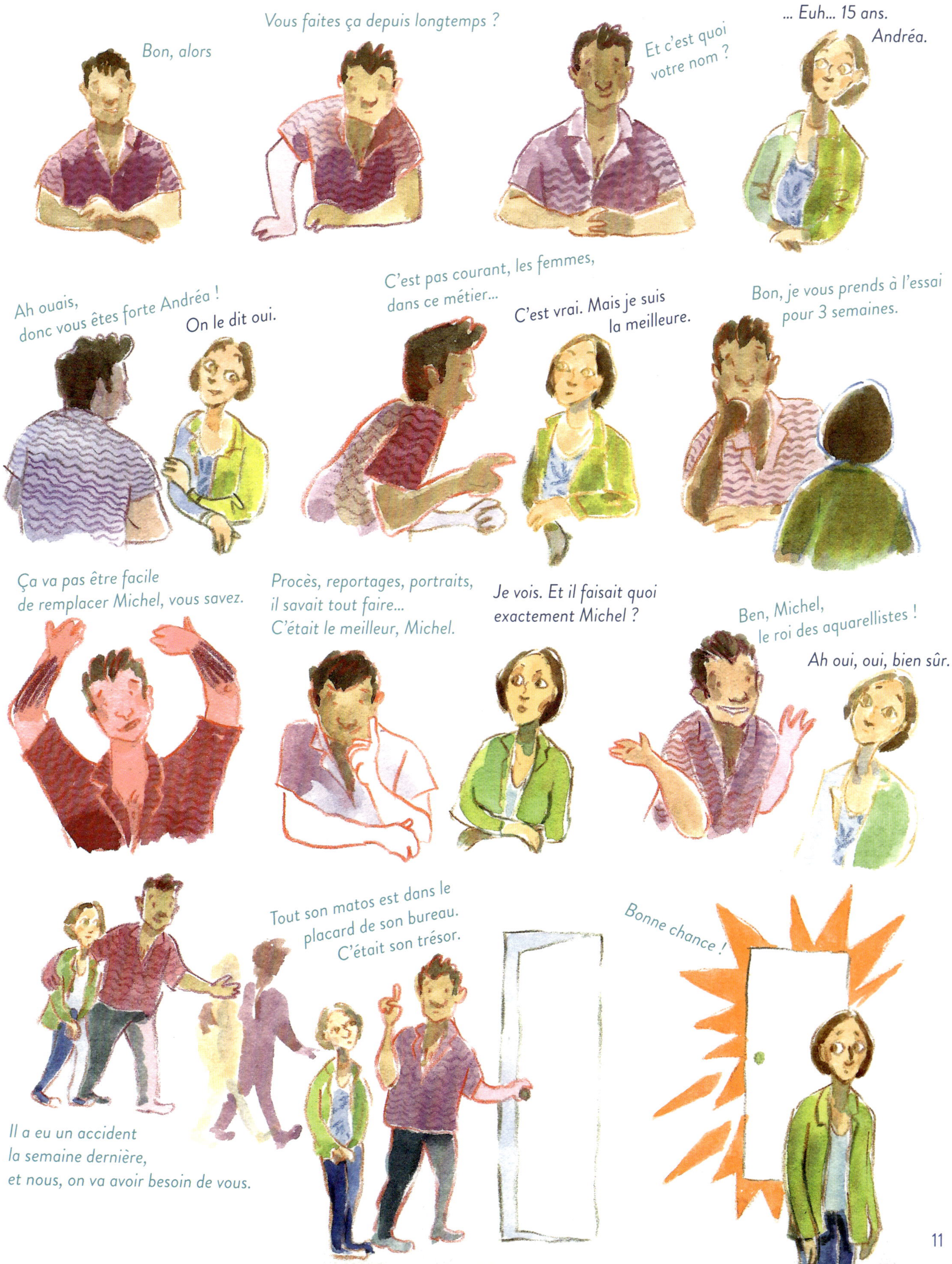
Bon, alors
Vous faites ça depuis longtemps ?
Et c'est quoi votre nom ?
... Euh... 15 ans. Andréa.
Ah ouais, donc vous êtes forte Andréa !
On le dit oui.
C'est pas courant, les femmes, dans ce métier...
C'est vrai. Mais je suis la meilleure.
Bon, je vous prends à l'essai pour 3 semaines.
Ça va pas être facile de remplacer Michel, vous savez.
Procès, reportages, portraits, il savait tout faire... C'était le meilleur, Michel.
Je vois. Et il faisait quoi exactement Michel ?
Ben, Michel, le roi des aquarellistes !
Ah oui, oui, bien sûr.
Il a eu un accident la semaine dernière, et nous, on va avoir besoin de vous.
Tout son matos est dans le placard de son bureau. C'était son trésor.
Bonne chance !

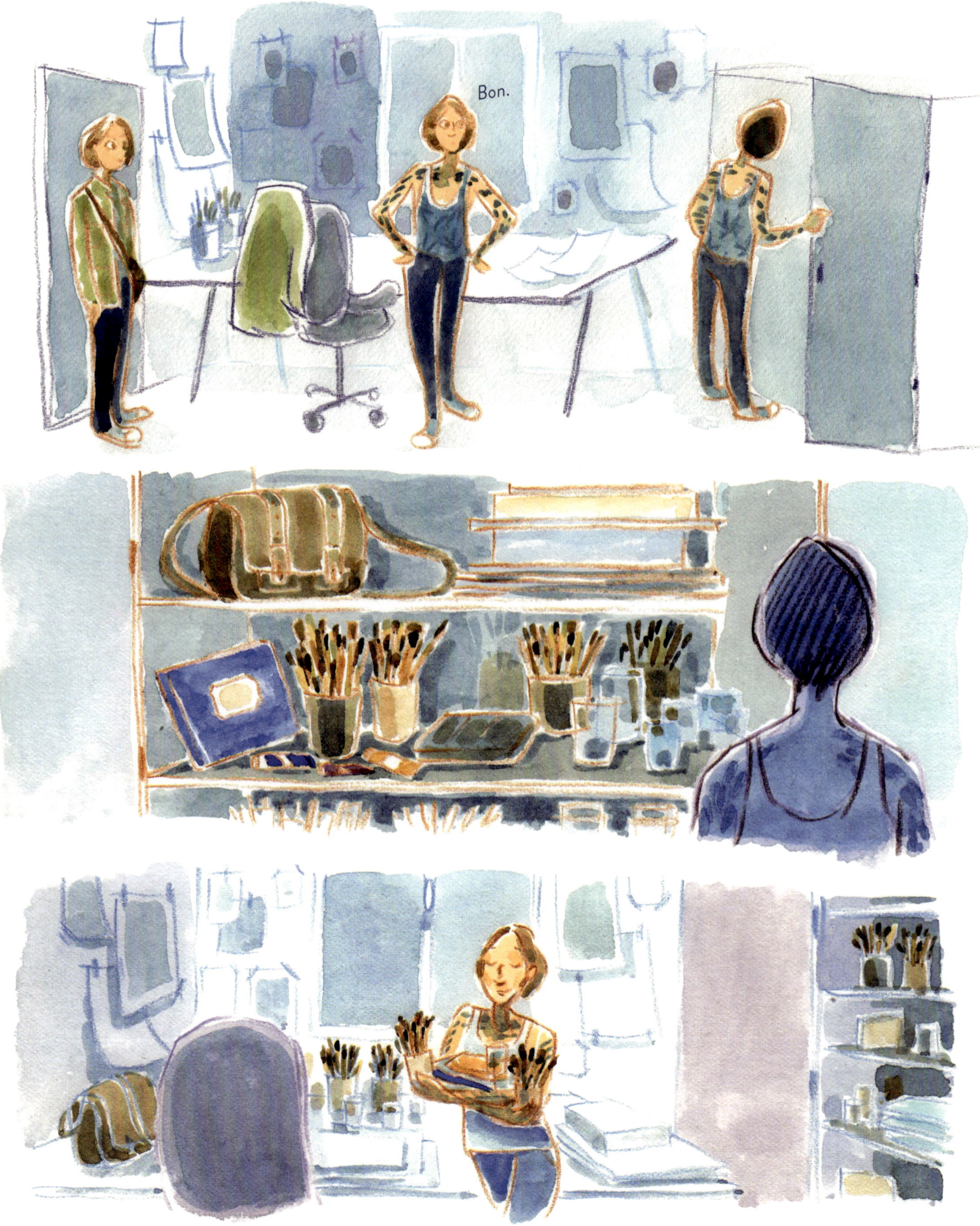
Bon.

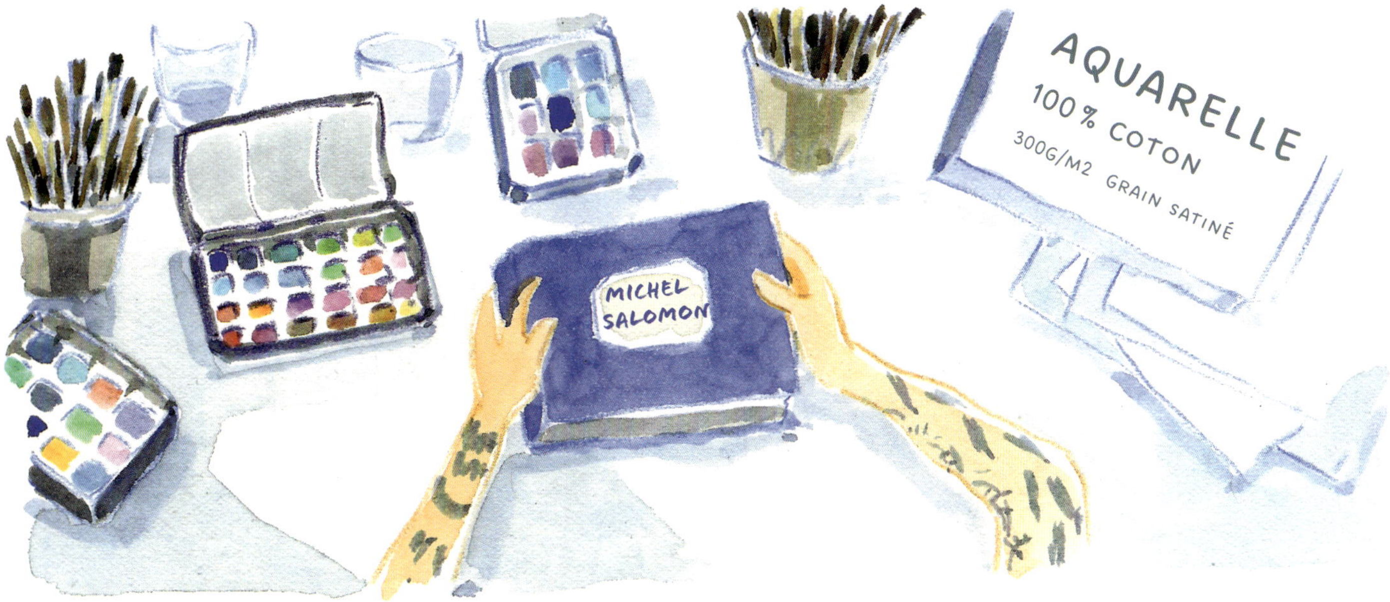
AQUARELLE
100 % COTON
300G/M2 GRAIN SATINÉ
MICHEL SALOMON

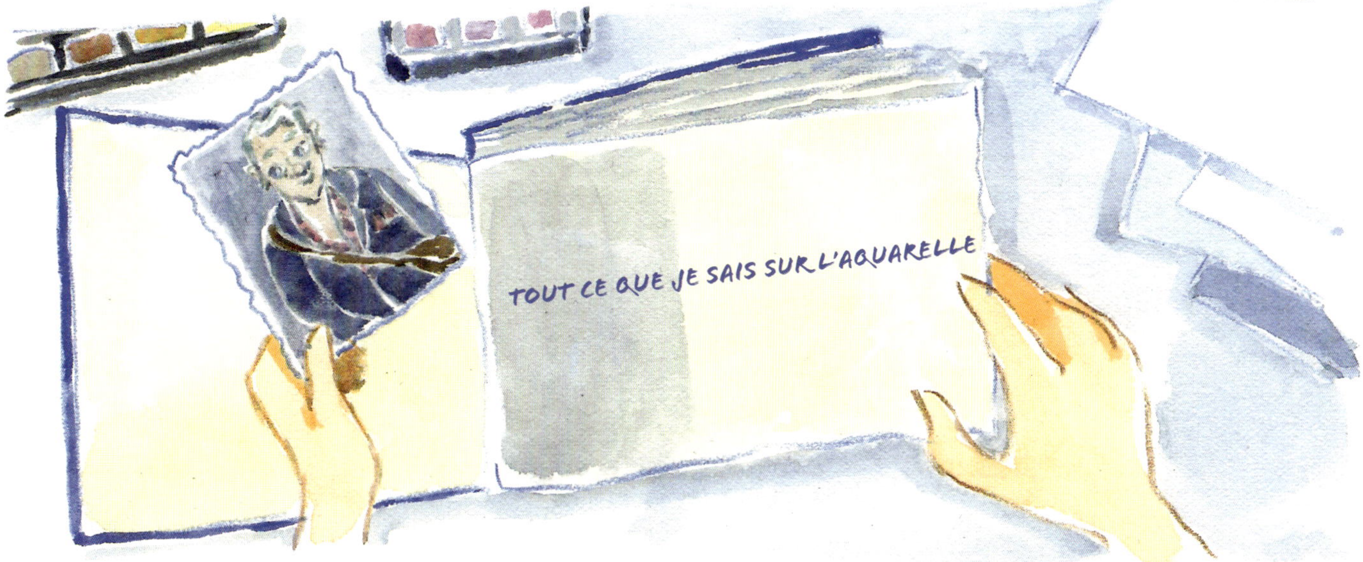
TOUT CE QUE JE SAIS SUR L'AQUARELLE

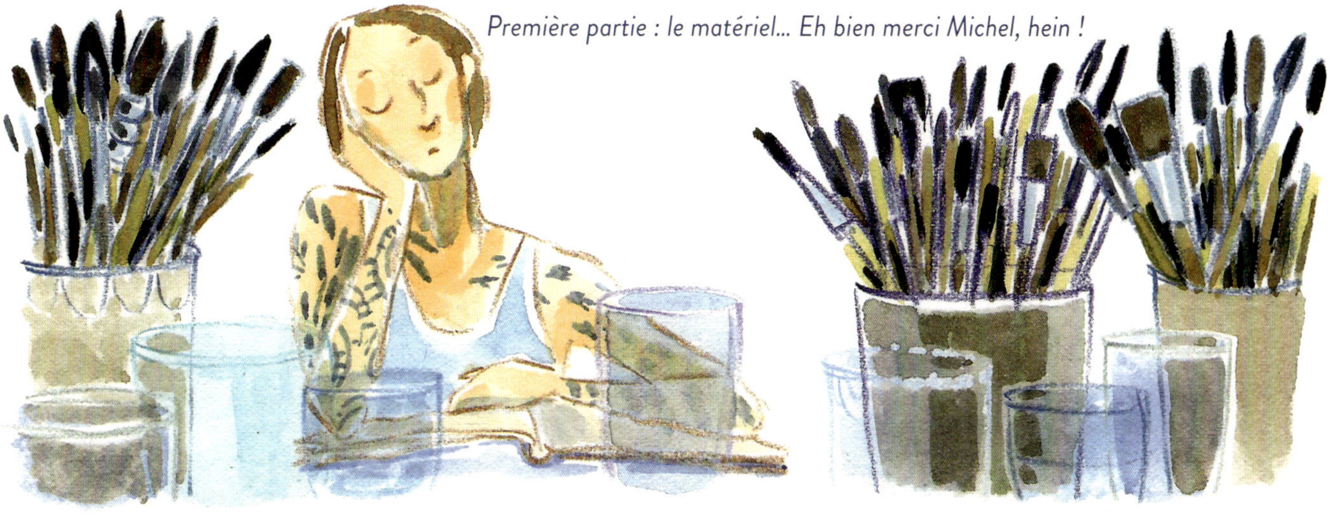
Première partie : le matériel... Eh bien merci Michel, hein !

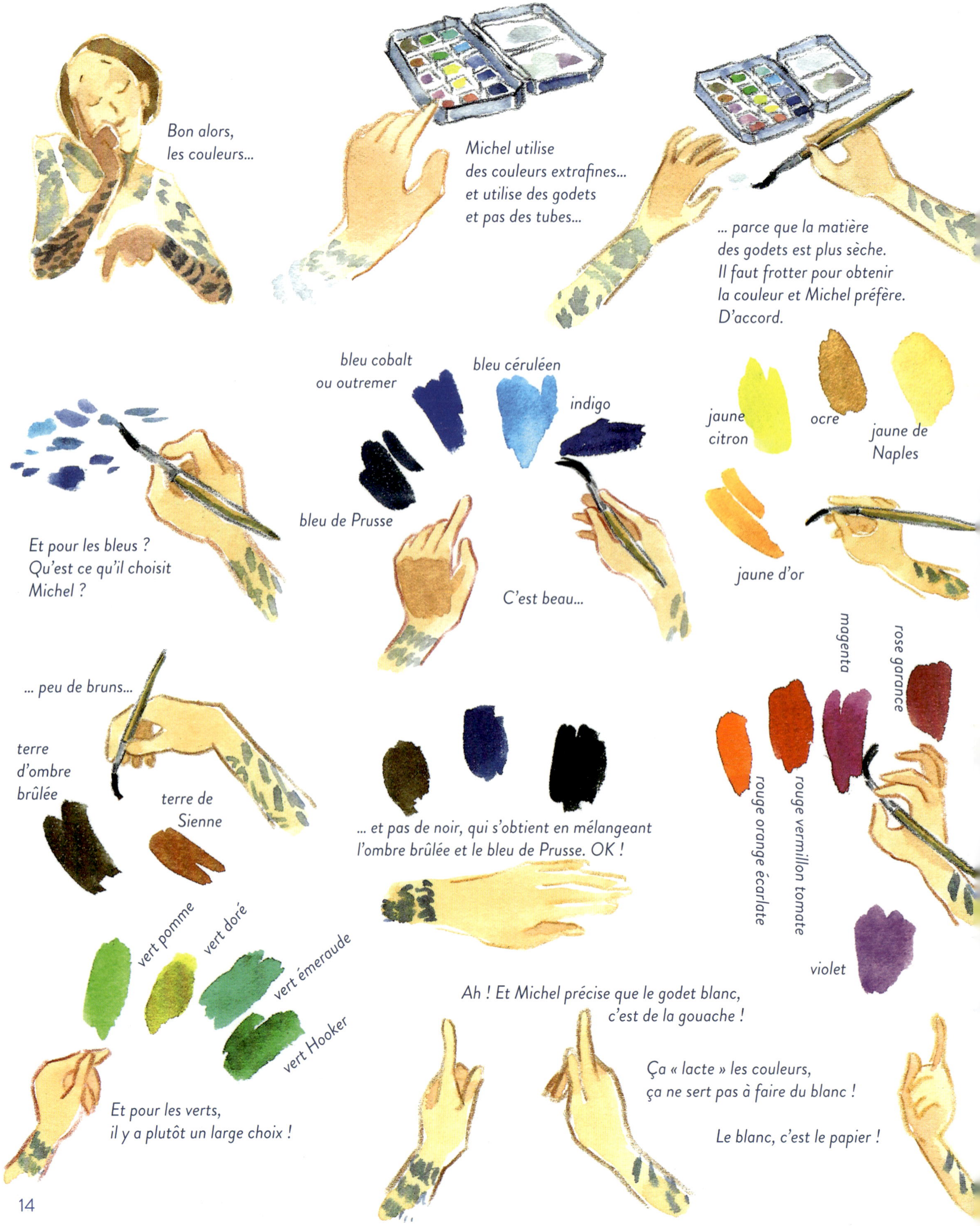
Bon alors,
les couleurs...
Michel utilise
des couleurs extrafines...
et utilise des godets
et pas des tubes...
... parce que la matière
des godets est plus sèche.
Il faut frotter pour obtenir
la couleur et Michel préfère.
D'accord.
Et pour les bleus ?
Qu'est ce qu'il choisit
Michel ?
bleu cobalt
ou outremer
bleu céruléen
indigo
bleu de Prusse
C'est beau...
jaune
citron
ocre
jaune de
Naples
jaune d'or
... peu de bruns...
terre
d'ombre
brûlée
terre de
Sienne
... et pas de noir, qui s'obtient en mélangeant
l'ombre brûlée et le bleu de Prusse. OK !
magenta
rose garance
rouge orange écarlate
rouge vermillon tomate
violet
vert pomme
vert doré
vert émeraude
vert Hooker
Et pour les verts,
il y a plutôt un large choix !
Ah ! Et Michel précise que le godet blanc,
c'est de la gouache !
Ça « lacte » les couleurs,
ça ne sert pas à faire du blanc !
Le blanc, c'est le papier !

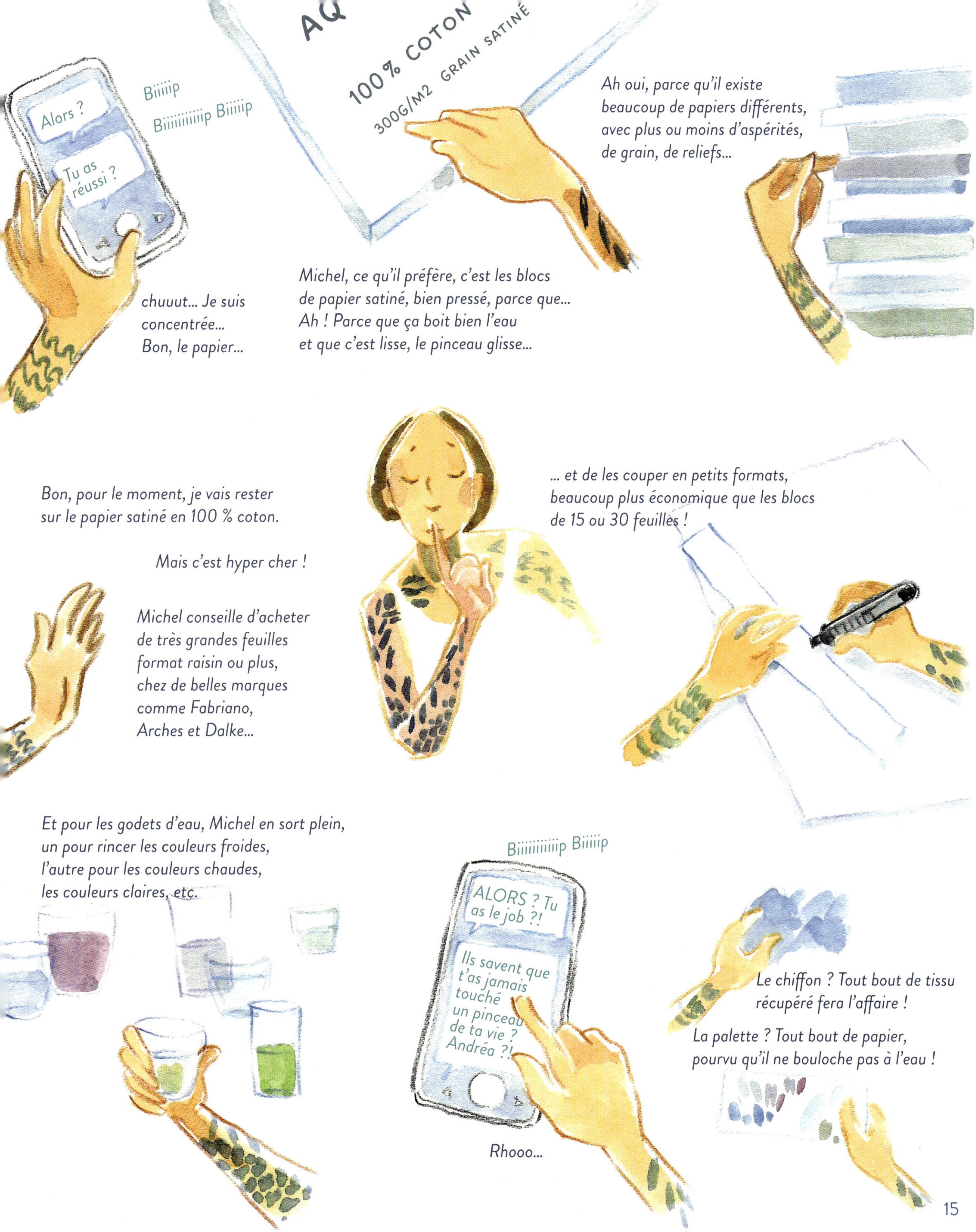
Biiiiip
Biiiiiiiiiip Biiiip
Alors ?
Tu as réussi ?
chuuut… Je suis concentrée… Bon, le papier…
AQ
100 % COTON
300G/M2 GRAIN SATINÉ
Michel, ce qu'il préfère, c'est les blocs de papier satiné, bien pressé, parce que… Ah ! Parce que ça boit bien l'eau et que c'est lisse, le pinceau glisse…
Ah oui, parce qu'il existe beaucoup de papiers différents, avec plus ou moins d'aspérités, de grain, de reliefs…
Bon, pour le moment, je vais rester sur le papier satiné en 100 % coton.
Mais c'est hyper cher !
Michel conseille d'acheter de très grandes feuilles format raisin ou plus, chez de belles marques comme Fabriano, Arches et Dalke…
… et de les couper en petits formats, beaucoup plus économique que les blocs de 15 ou 30 feuilles !
Et pour les godets d'eau, Michel en sort plein, un pour rincer les couleurs froides, l'autre pour les couleurs chaudes, les couleurs claires, etc.
Biiiiiiiiiip Biiiip
ALORS ? Tu as le job ?!
Ils savent que t'as jamais touché un pinceau de ta vie ? Andréa ?!
Rhooo…
Le chiffon ? Tout bout de tissu récupéré fera l'affaire !
La palette ? Tout bout de papier, pourvu qu'il ne bouloche pas à l'eau !

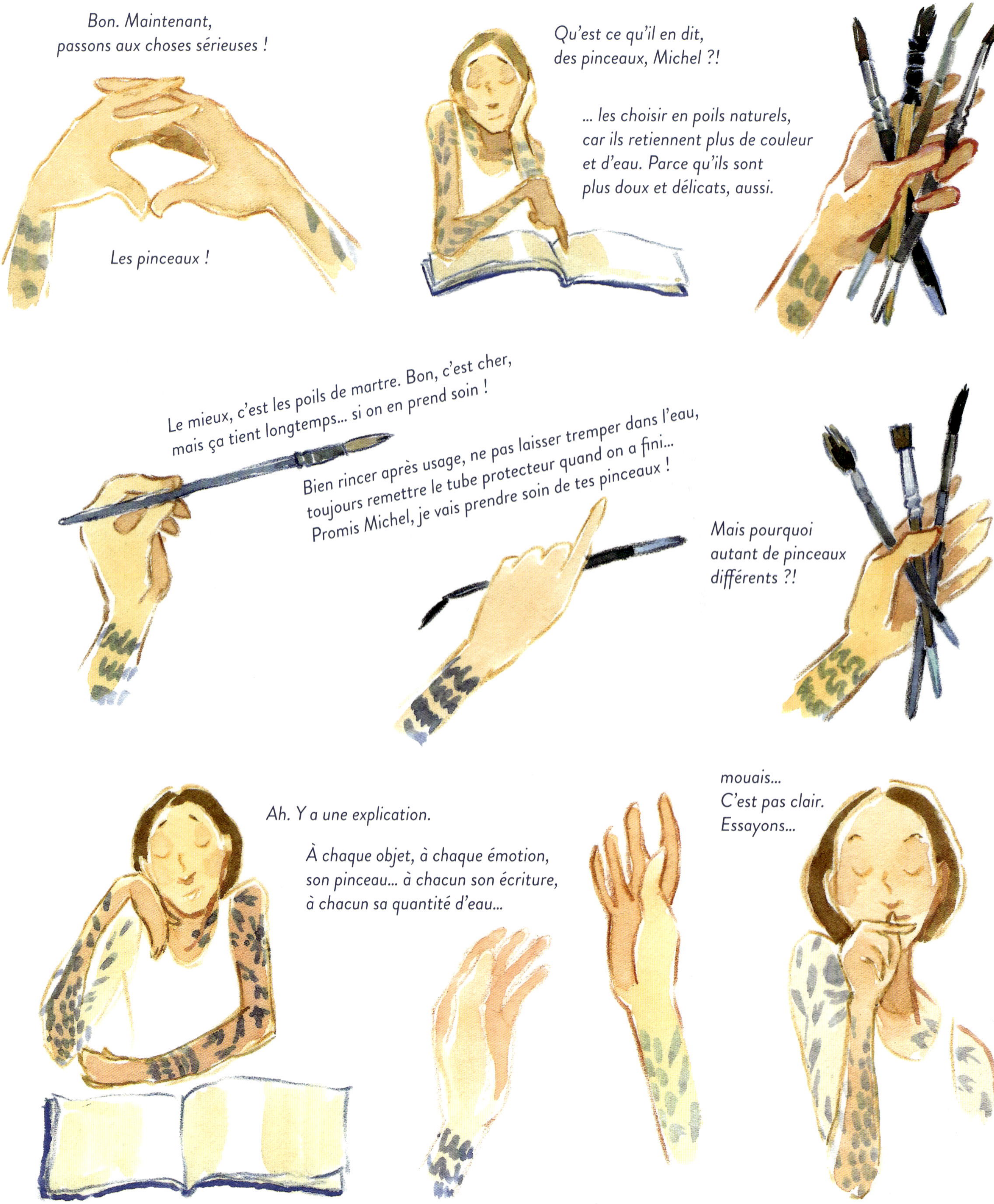
Bon. Maintenant, passons aux choses sérieuses !
Les pinceaux !
Qu'est ce qu'il en dit, des pinceaux, Michel ?!
... les choisir en poils naturels, car ils retiennent plus de couleur et d'eau. Parce qu'ils sont plus doux et délicats, aussi.
Le mieux, c'est les poils de martre. Bon, c'est cher, mais ça tient longtemps... si on en prend soin !
Bien rincer après usage, ne pas laisser tremper dans l'eau, toujours remettre le tube protecteur quand on a fini... Promis Michel, je vais prendre soin de tes pinceaux !
Mais pourquoi autant de pinceaux différents ?!
Ah. Y a une explication.
À chaque objet, à chaque émotion, son pinceau... à chacun son écriture, à chacun sa quantité d'eau...
mouais... C'est pas clair. Essayons...

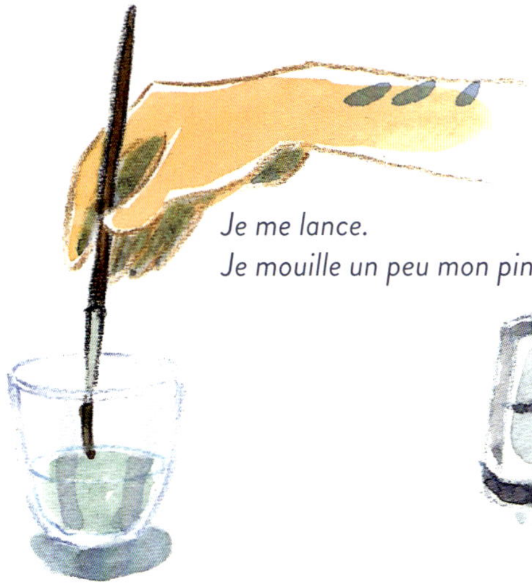

Je me lance.
Je mouille un peu mon pinceau.

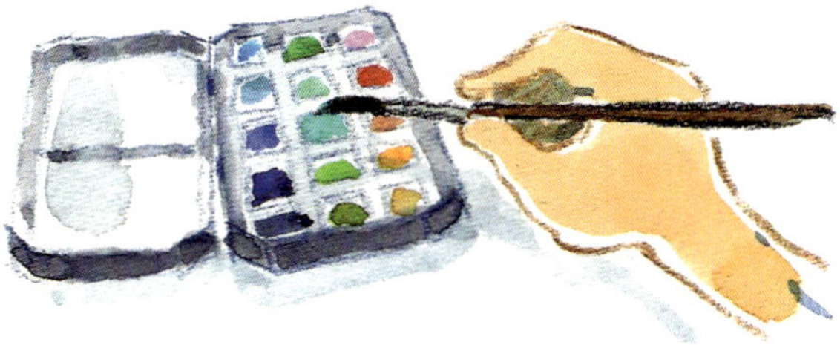

Je charge un peu de pigment
dans la mèche en frottant
mon pinceau légèrement
contre le godet de couleur…

Je teste la couleur
sur la palette en papier…

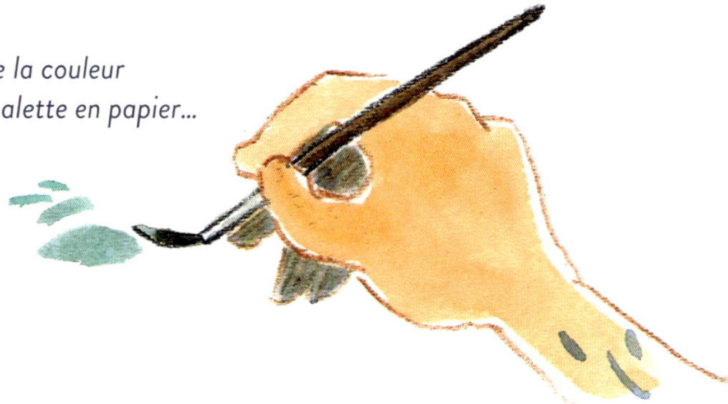

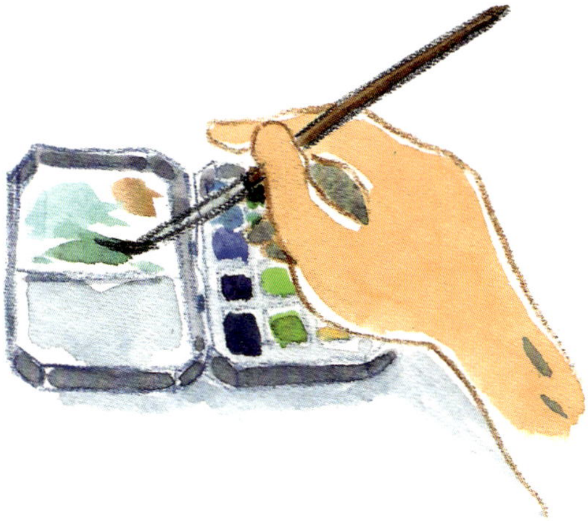

Si je veux un mélange, je dépose le jus de la mèche
sur la palette de la boîte. Puis je rince mon pinceau,
je charge le pinceau avec une autre couleur,
et je mélange les deux teintes sur la palette.

Puis je pose le jus coloré sur le papier,
en tirant la couleur, en traits
ou en aplats…

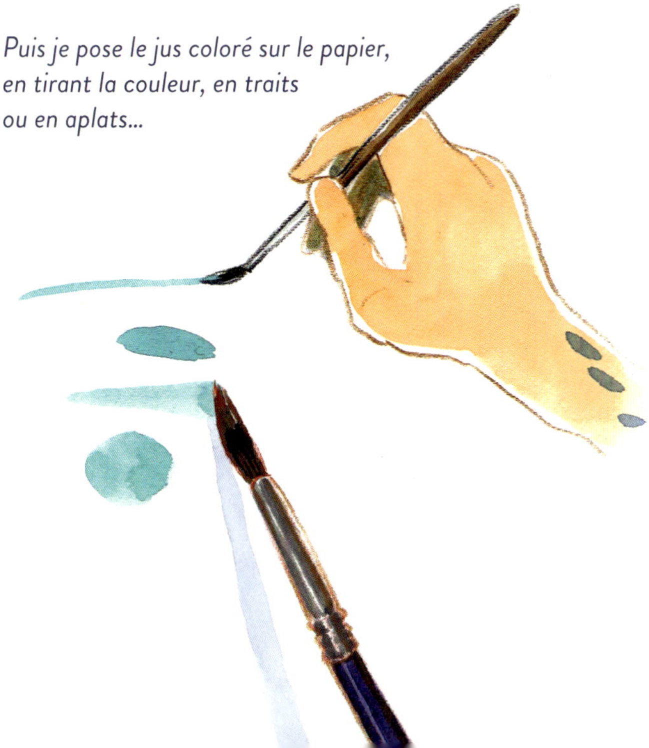

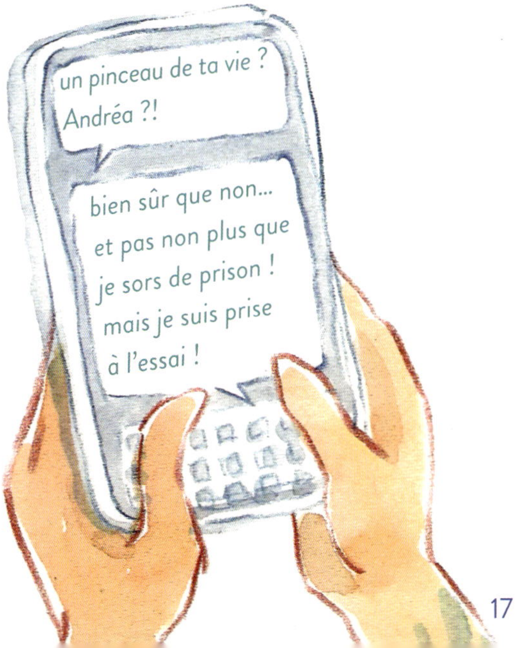

*Alors, Michel, il dit d'abord les couleurs claires,
puis on superpose les couches du plus clair
au plus foncé...*

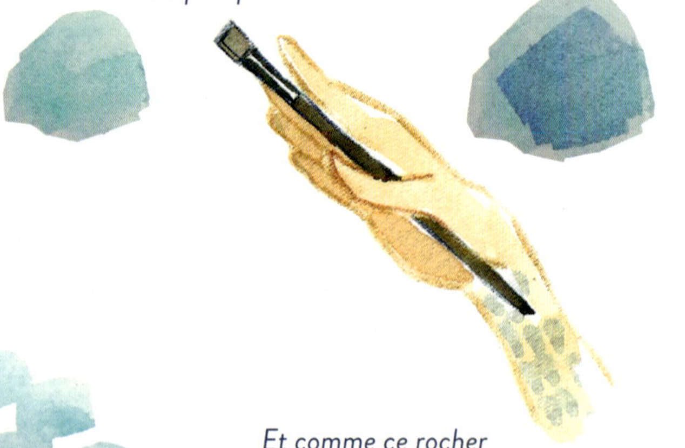

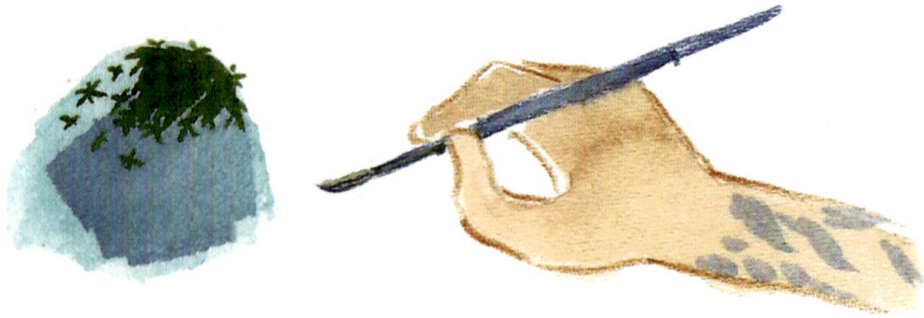

*Un pinceau rond et fin pour des traits fins,
comme pour cette mousse de rocher...*

*Et comme ce rocher
n'est pas mou, je prends
des pinceaux plats – un grand, un petit !
Comme pour dessiner des bâtiments,
des toits, une architecture rectiligne...*

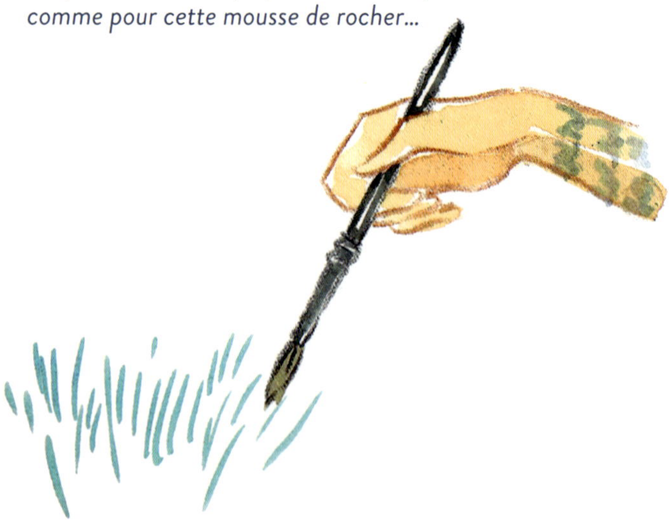

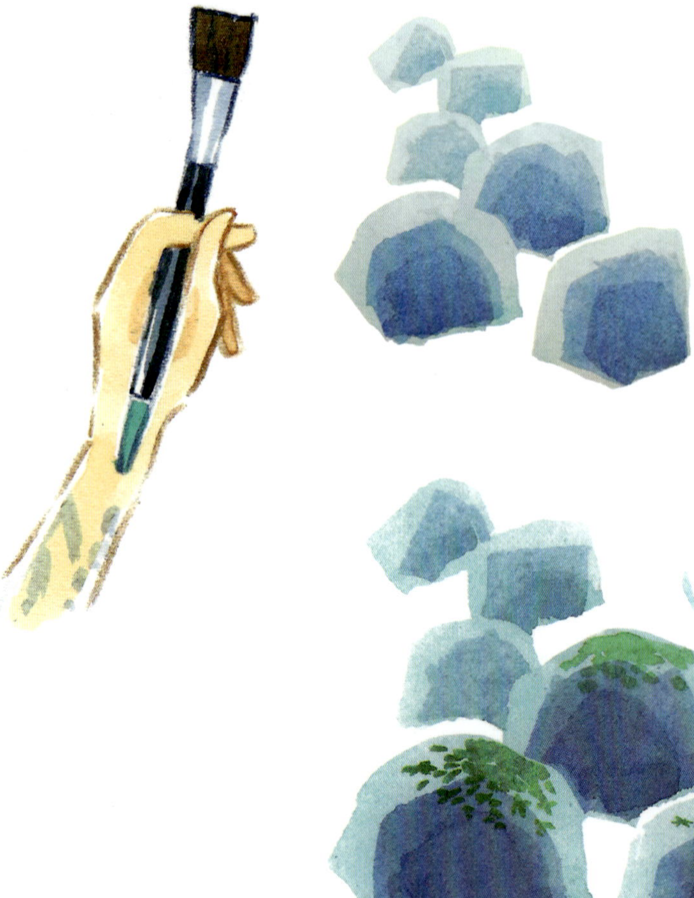

*... Ou pour des herbes souples, des traits dansants...
Donc taille n° 4 (fin pour les détails délicats)
ou taille n° 8 (pointe moyenne).*

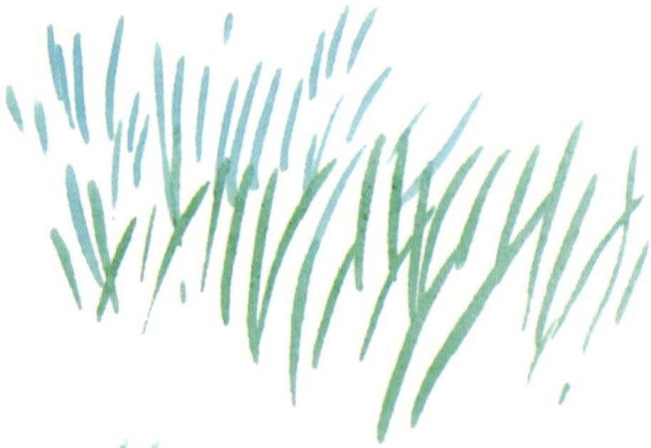

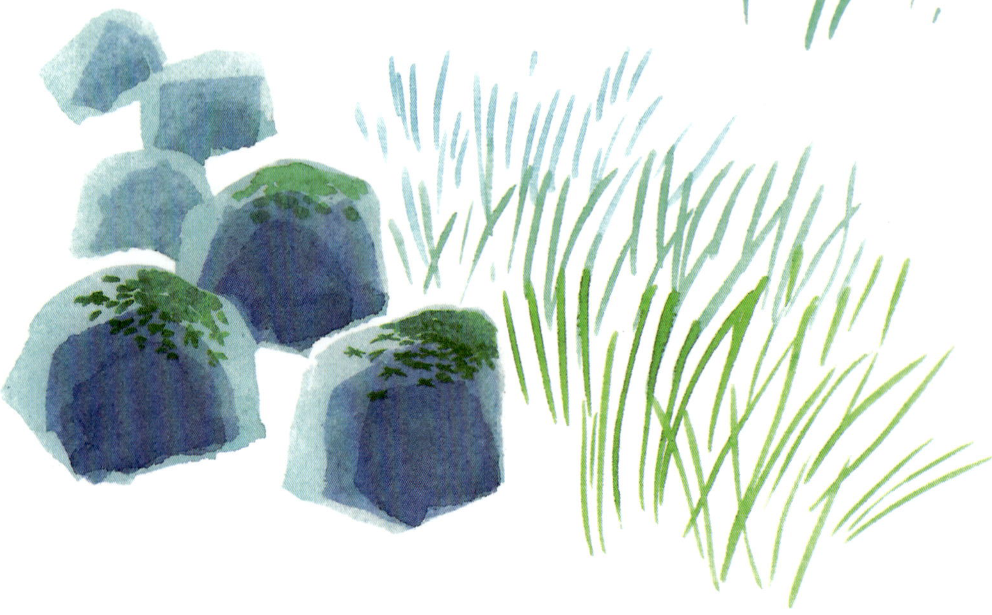

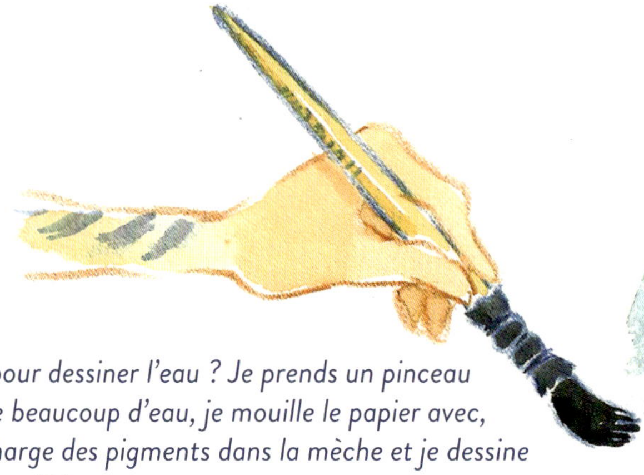

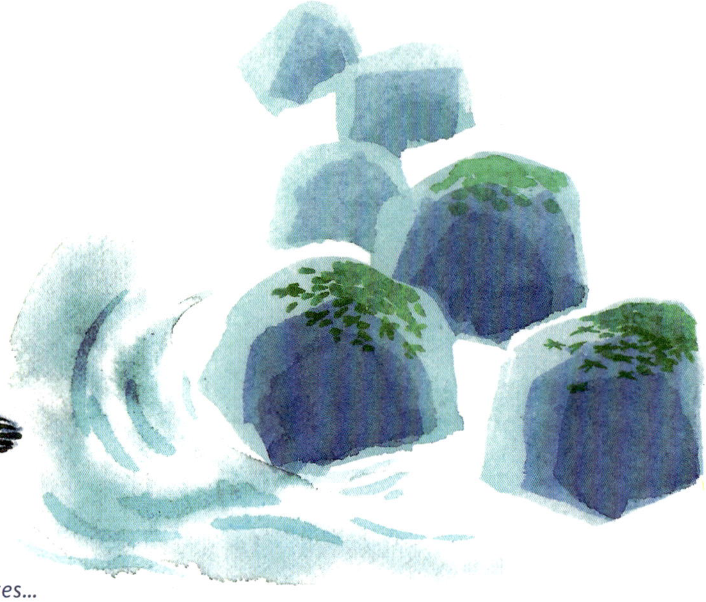

Ah ! Et pour dessiner l'eau ? Je prends un pinceau qui garde beaucoup d'eau, je mouille le papier avec, puis je charge des pigments dans la mèche et je dessine dans le mouillé…

Quand c'est sec, je peux tracer quelques ondes d'eau par-dessus, plus nettes…

Pour ça, les pinceaux « petit-gris » en poils d'écureuil sont parfaits !

Je peux tracer quelques poissons avec un jus clair bien dilué…

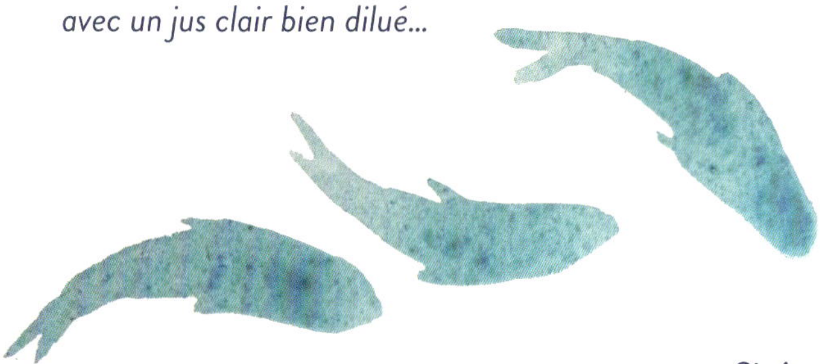

Si je n'attends pas que ça sèche pour dessiner les écailles…

Si j'attends que ça sèche un peu…

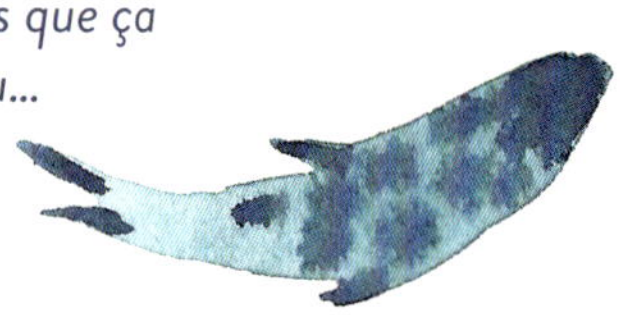

Si c'est presque sec, mais pas tout à fait…

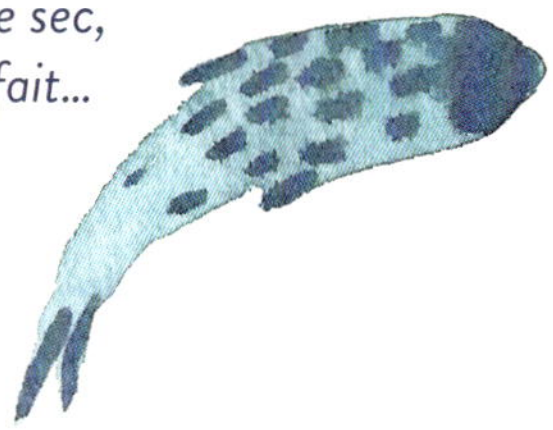

Presque sec…

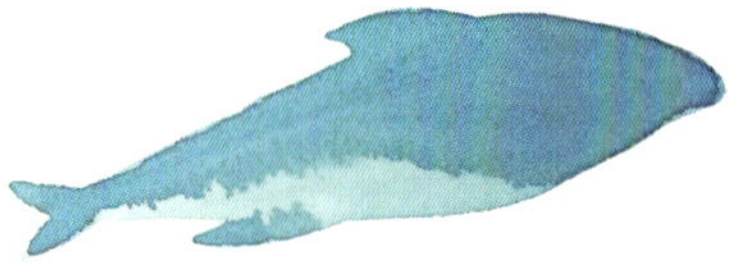

En fait tout se joue entre le mouillé et le sec… C'est à moi de choisir quel effet je souhaite…

Et d'adapter mon pinceau en fonction de ce que je dessine et de ce que je souhaite obtenir comme effet !

Tout à fait sec !

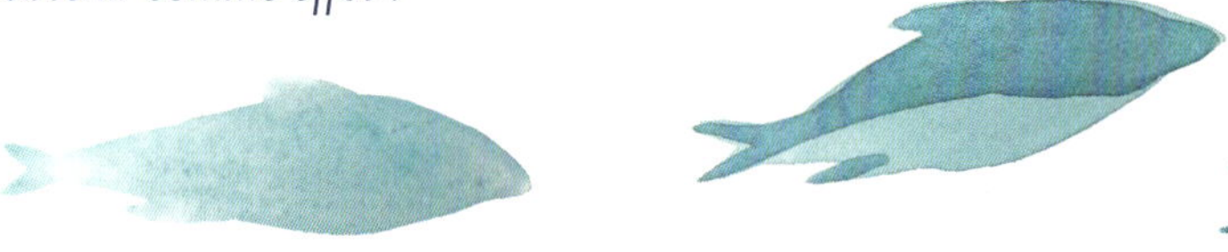

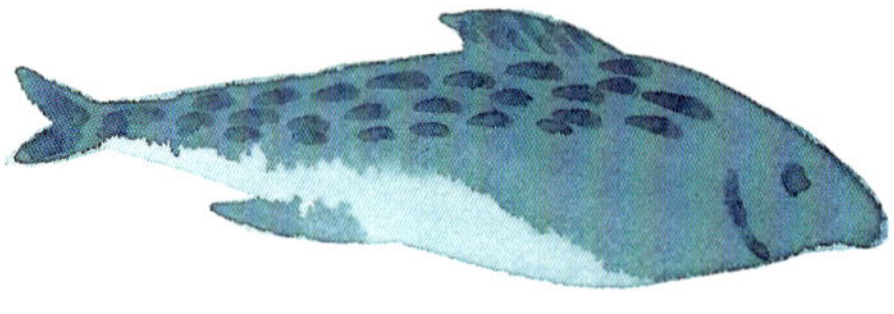

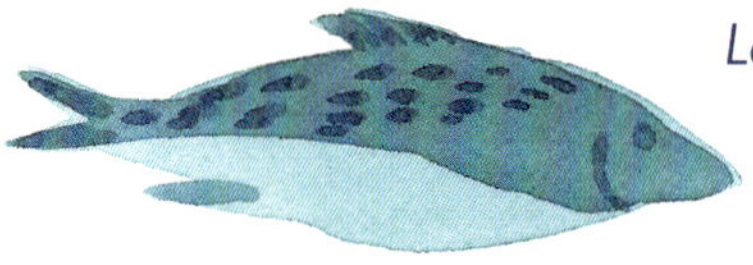

Les écailles en dernier, quand tout est sec !

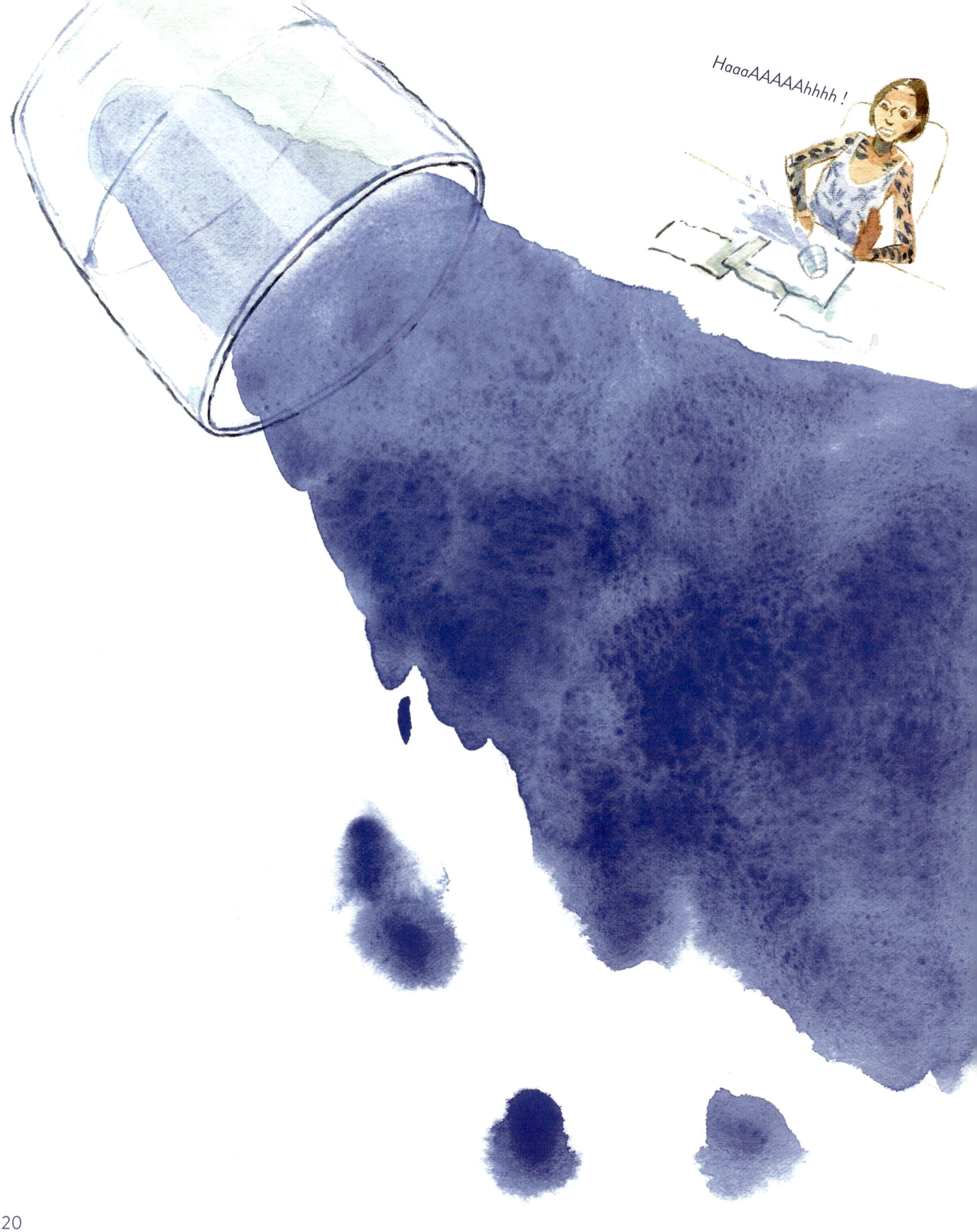
HaaaAAAAAhhhh !

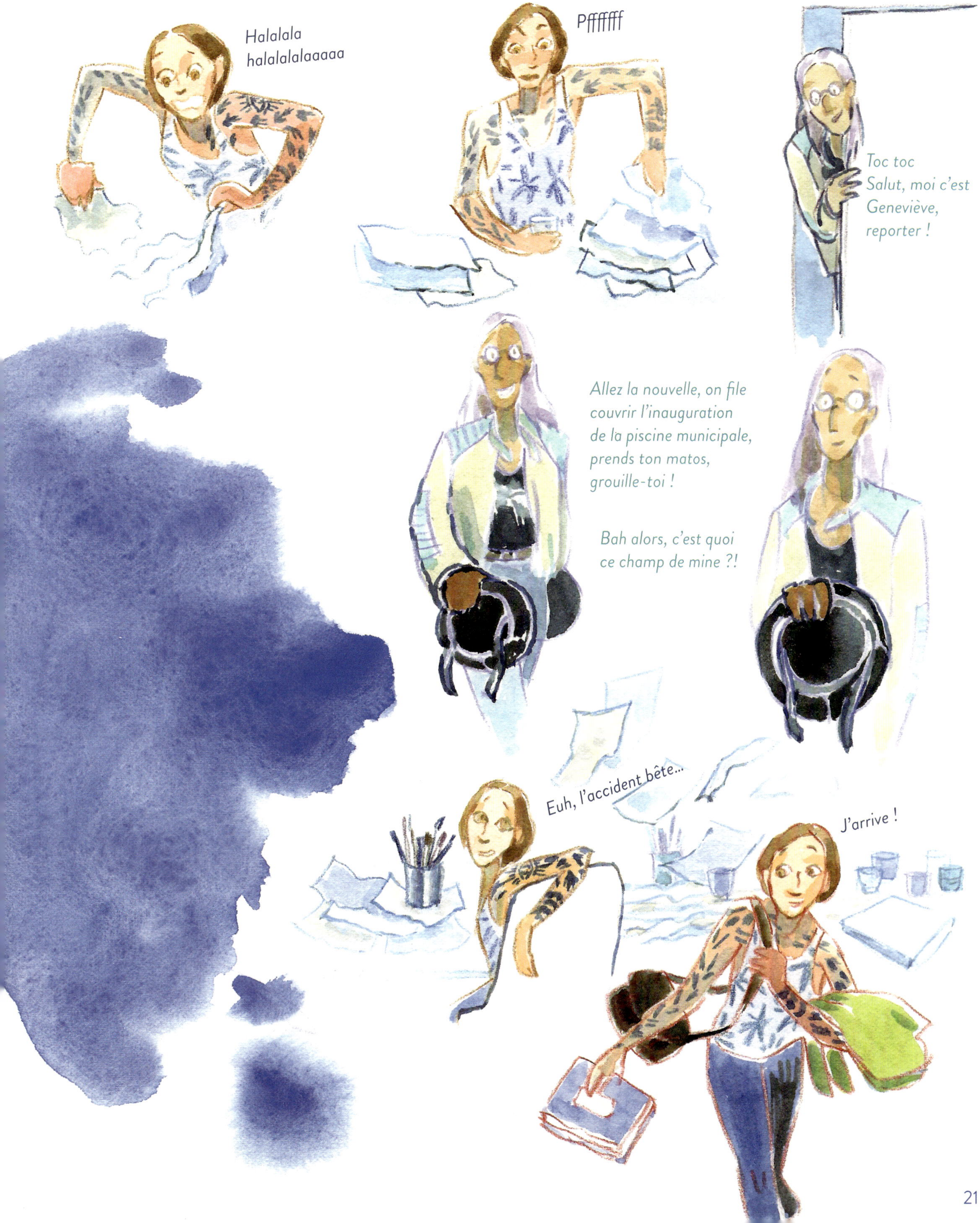
Halalala
halalalalaaaaa
Pffffff
Toc toc
Salut, moi c'est Geneviève, reporter !
Allez la nouvelle, on file couvrir l'inauguration de la piscine municipale, prends ton matos, grouille-toi !
Bah alors, c'est quoi ce champ de mine ?!
Euh, l'accident bête...
J'arrive !

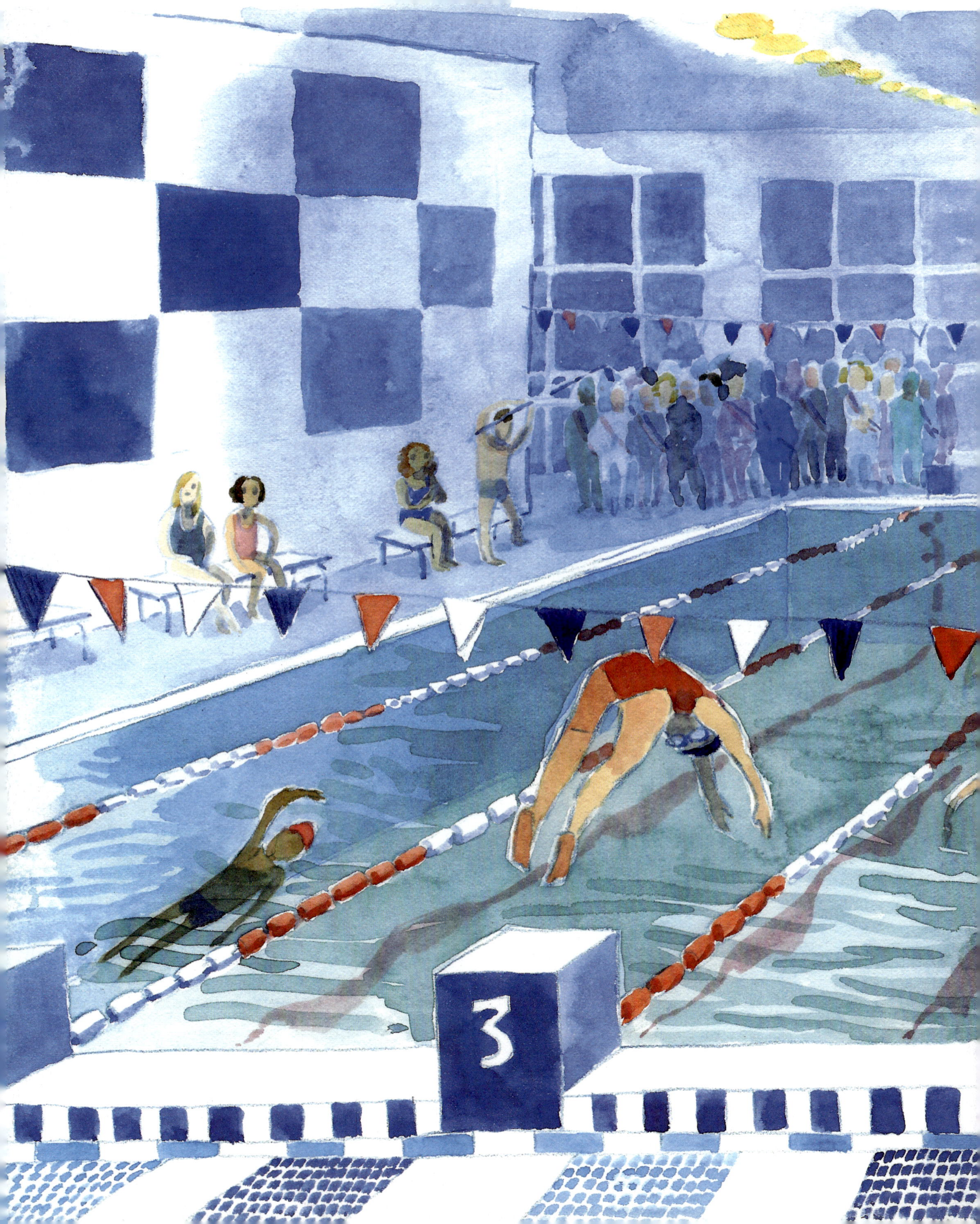
3

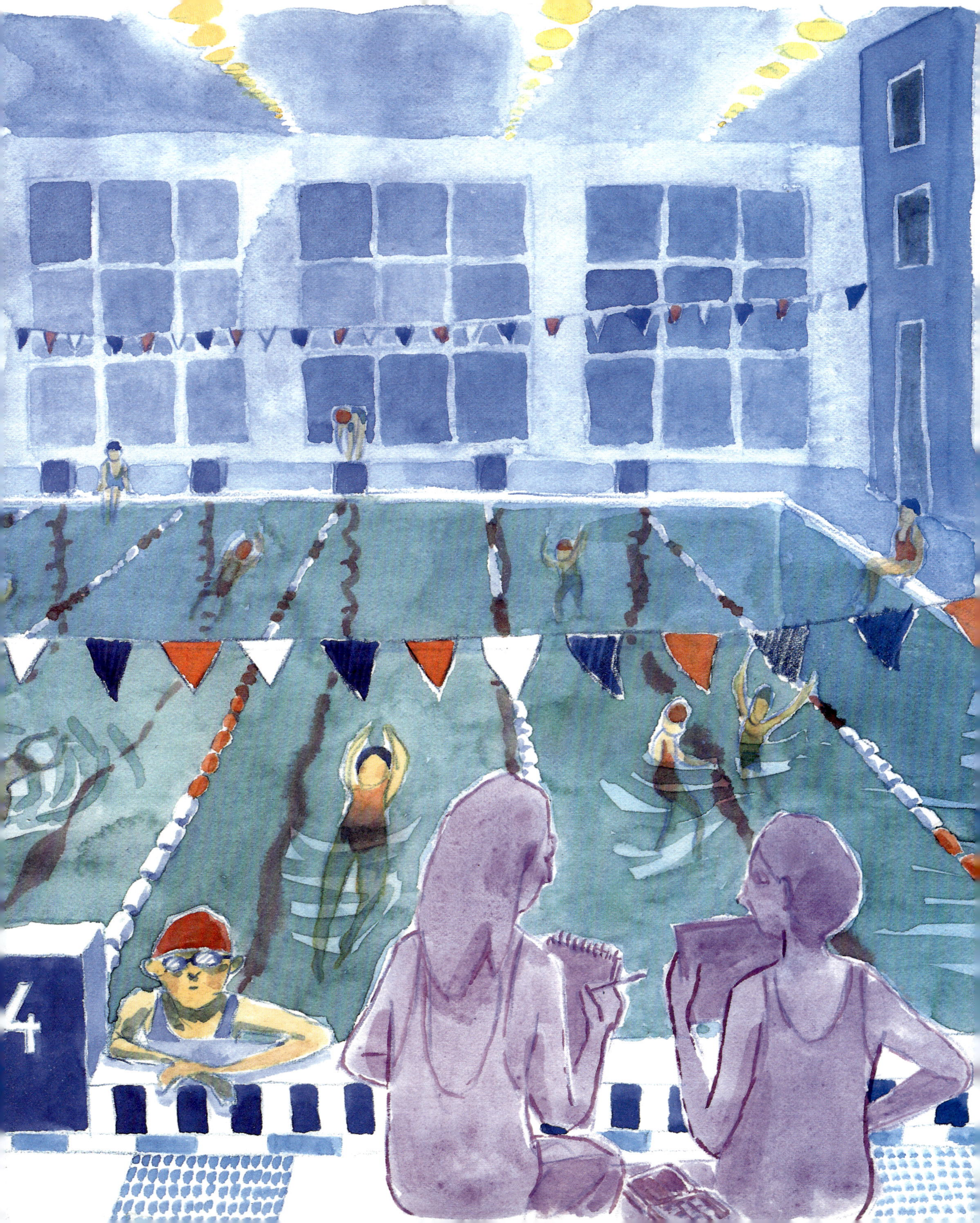
4

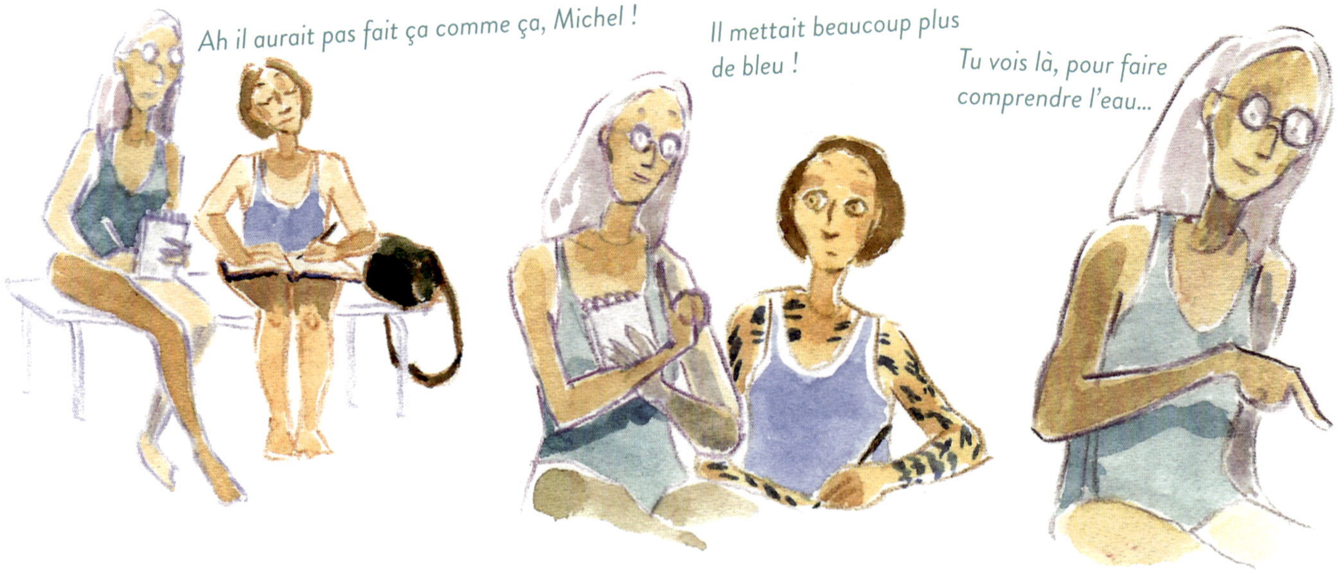

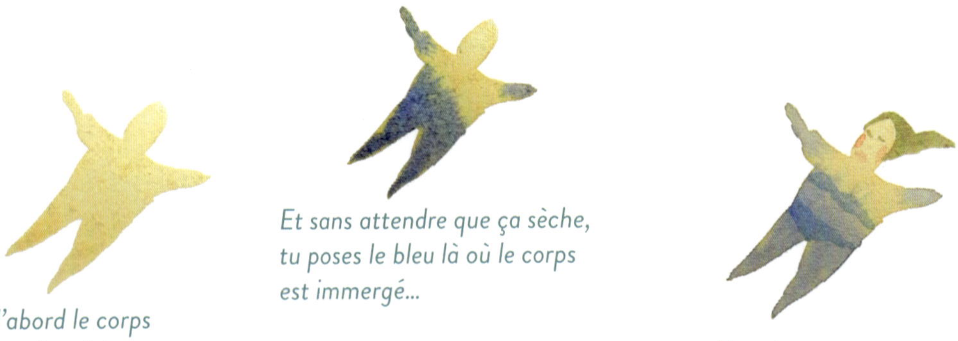

Tu vois, tu fais d'abord le corps du nageur, dans un jus clair couleur peau...

Et sans attendre que ça sèche, tu poses le bleu là où le corps est immergé...

Hop, le nageur est apparu ! C'est magique le bleu !

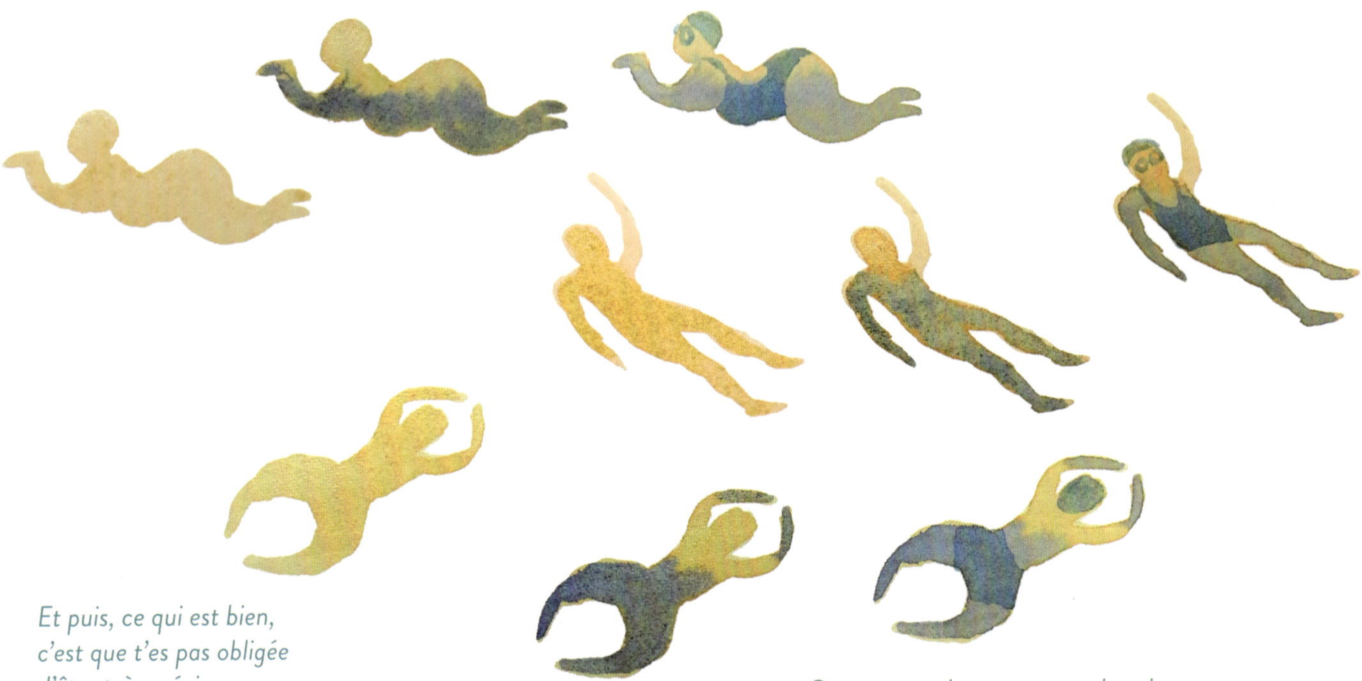

Et puis, ce qui est bien, c'est que t'es pas obligée d'être très précise...

Tu peux simplifier les corps !

Comme tous les corps sont dans la nature, pas grave si les proportions ne sont pas toujours justes !

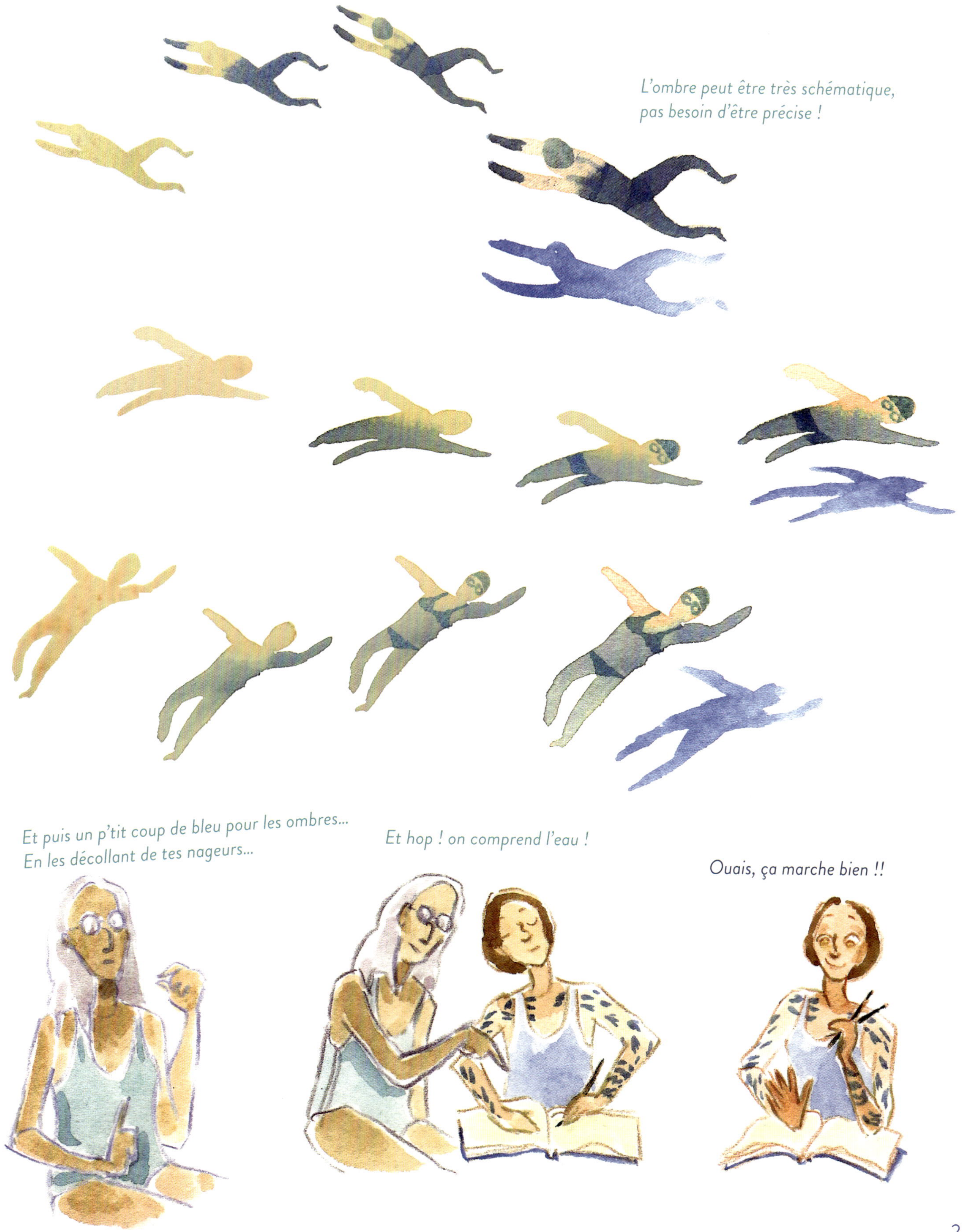
L'ombre peut être très schématique,
pas besoin d'être précise !
Et puis un p'tit coup de bleu pour les ombres...
En les décollant de tes nageurs...
Et hop ! on comprend l'eau !
Ouais, ça marche bien !!

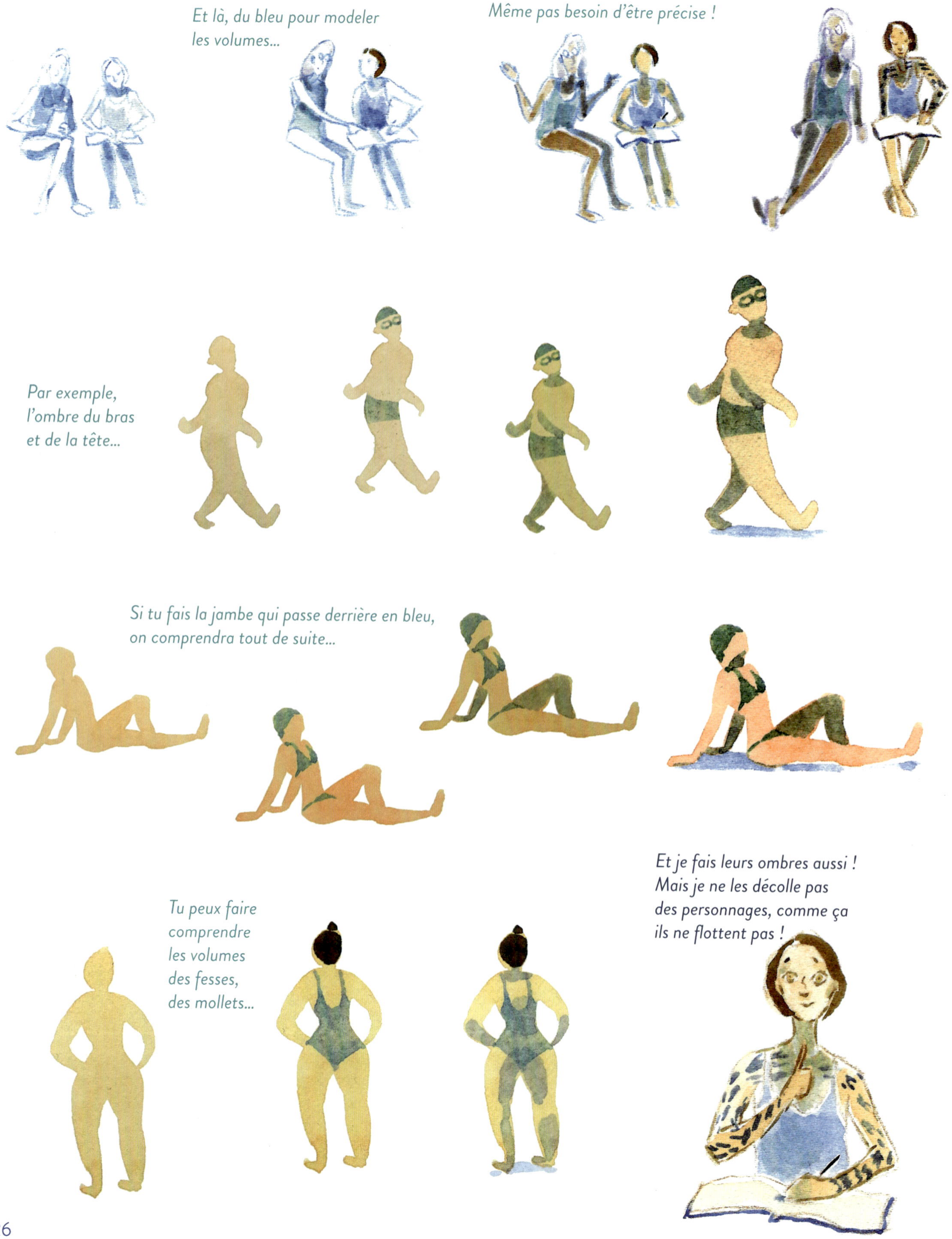
Et là, du bleu pour modeler les volumes...
Même pas besoin d'être précise !
Par exemple, l'ombre du bras et de la tête...
Si tu fais la jambe qui passe derrière en bleu, on comprendra tout de suite...
Tu peux faire comprendre les volumes des fesses, des mollets...
Et je fais leurs ombres aussi ! Mais je ne les décolle pas des personnages, comme ça ils ne flottent pas !

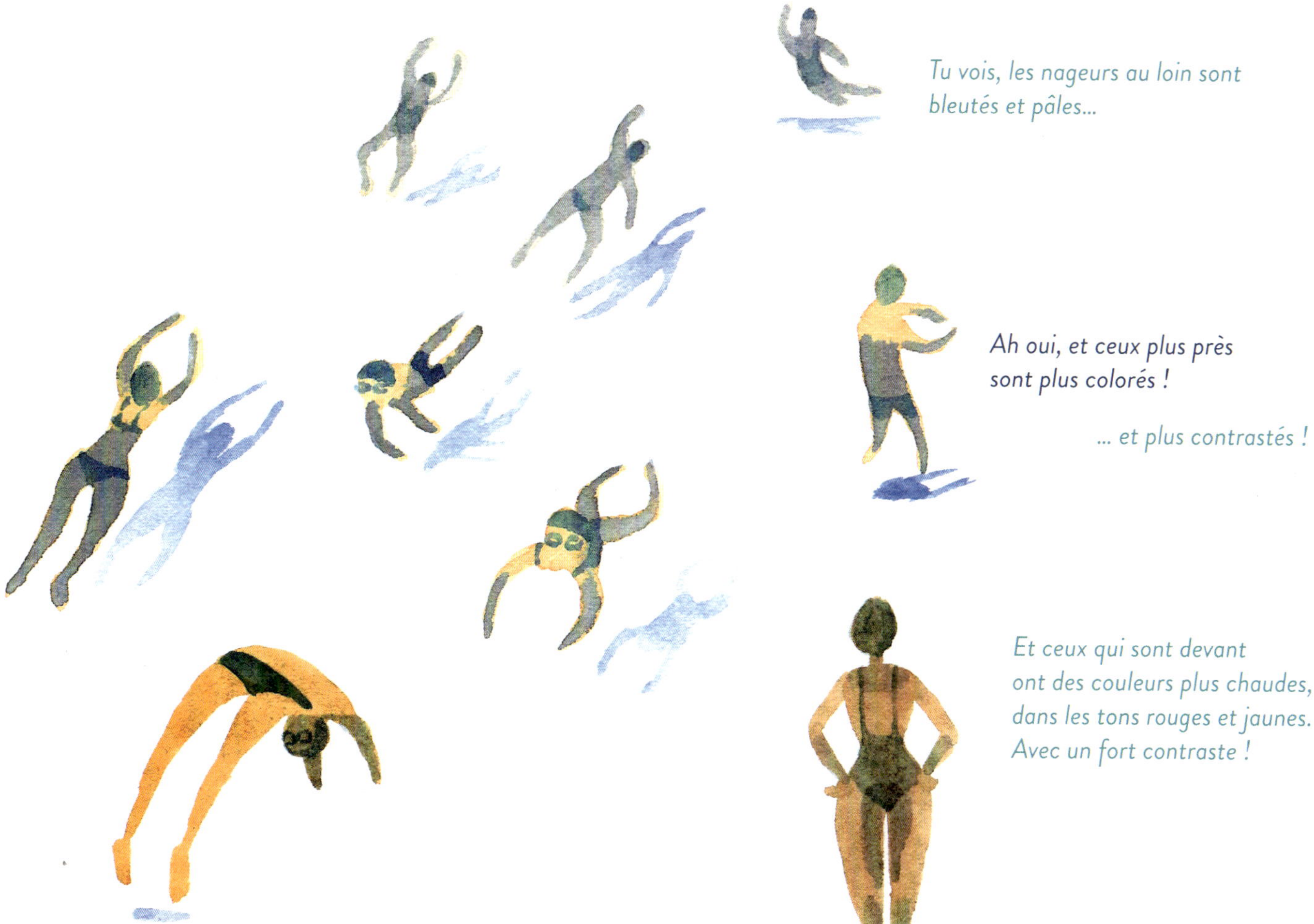
Tu vois, les nageurs au loin sont bleutés et pâles...
Ah oui, et ceux plus près sont plus colorés !
... et plus contrastés !
Et ceux qui sont devant ont des couleurs plus chaudes, dans les tons rouges et jaunes. Avec un fort contraste !

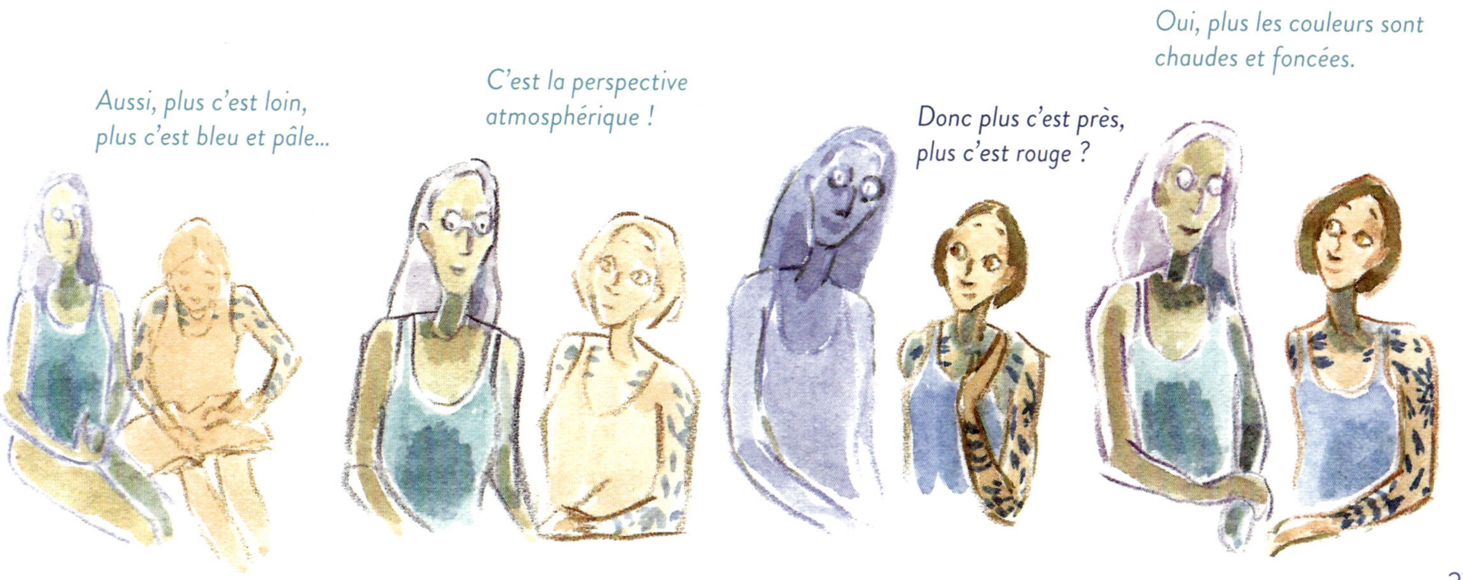
Aussi, plus c'est loin, plus c'est bleu et pâle...
C'est la perspective atmosphérique !
Donc plus c'est près, plus c'est rouge ?
Oui, plus les couleurs sont chaudes et foncées.

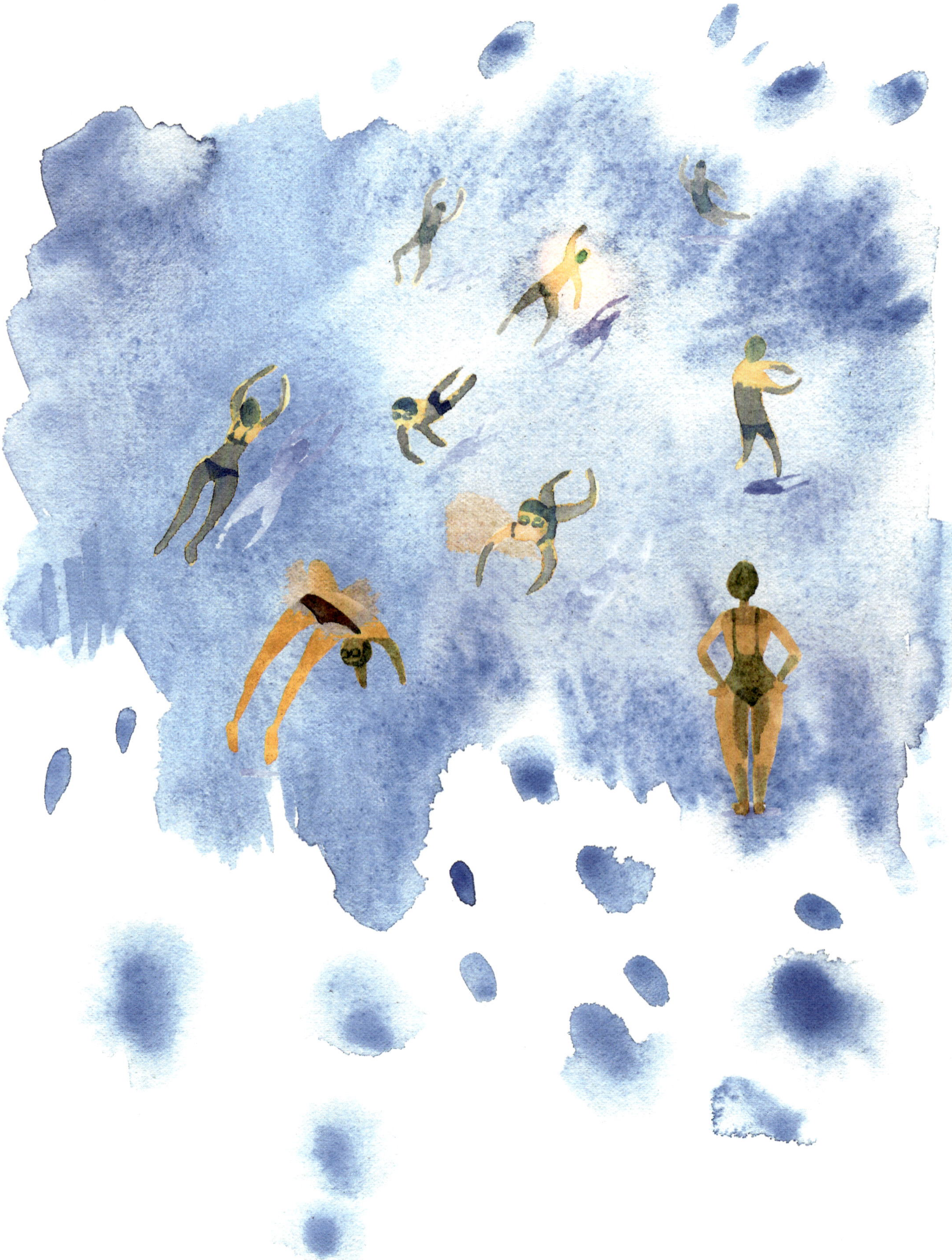

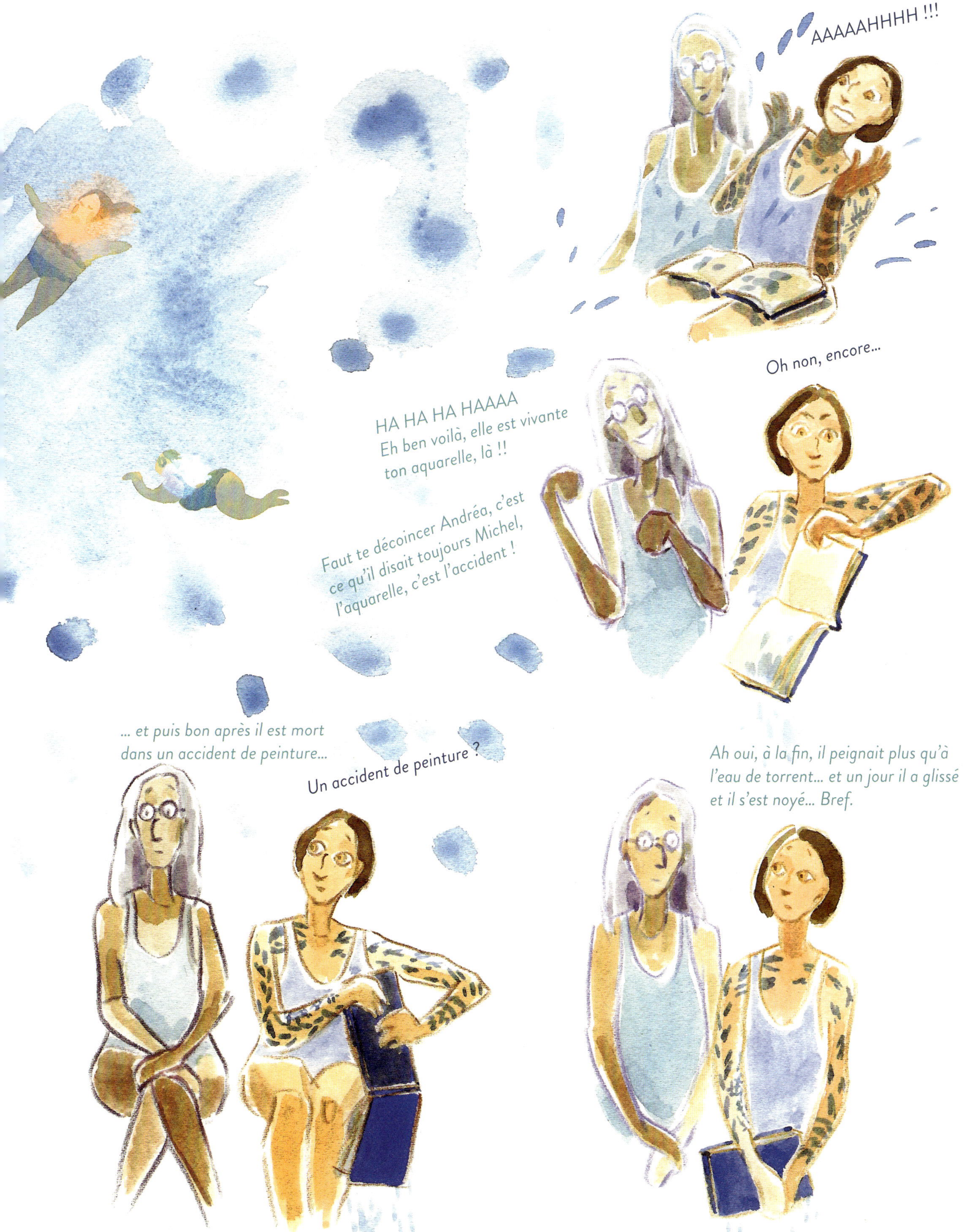
AAAAAHHHH !!!
HA HA HA HAAAA
Eh ben voilà, elle est vivante ton aquarelle, là !!
Faut te décoincer Andréa, c'est ce qu'il disait toujours Michel, l'aquarelle, c'est l'accident !
Oh non, encore…
… et puis bon après il est mort dans un accident de peinture…
Un accident de peinture ?
Ah oui, à la fin, il peignait plus qu'à l'eau de torrent… et un jour il a glissé et il s'est noyé… Bref.

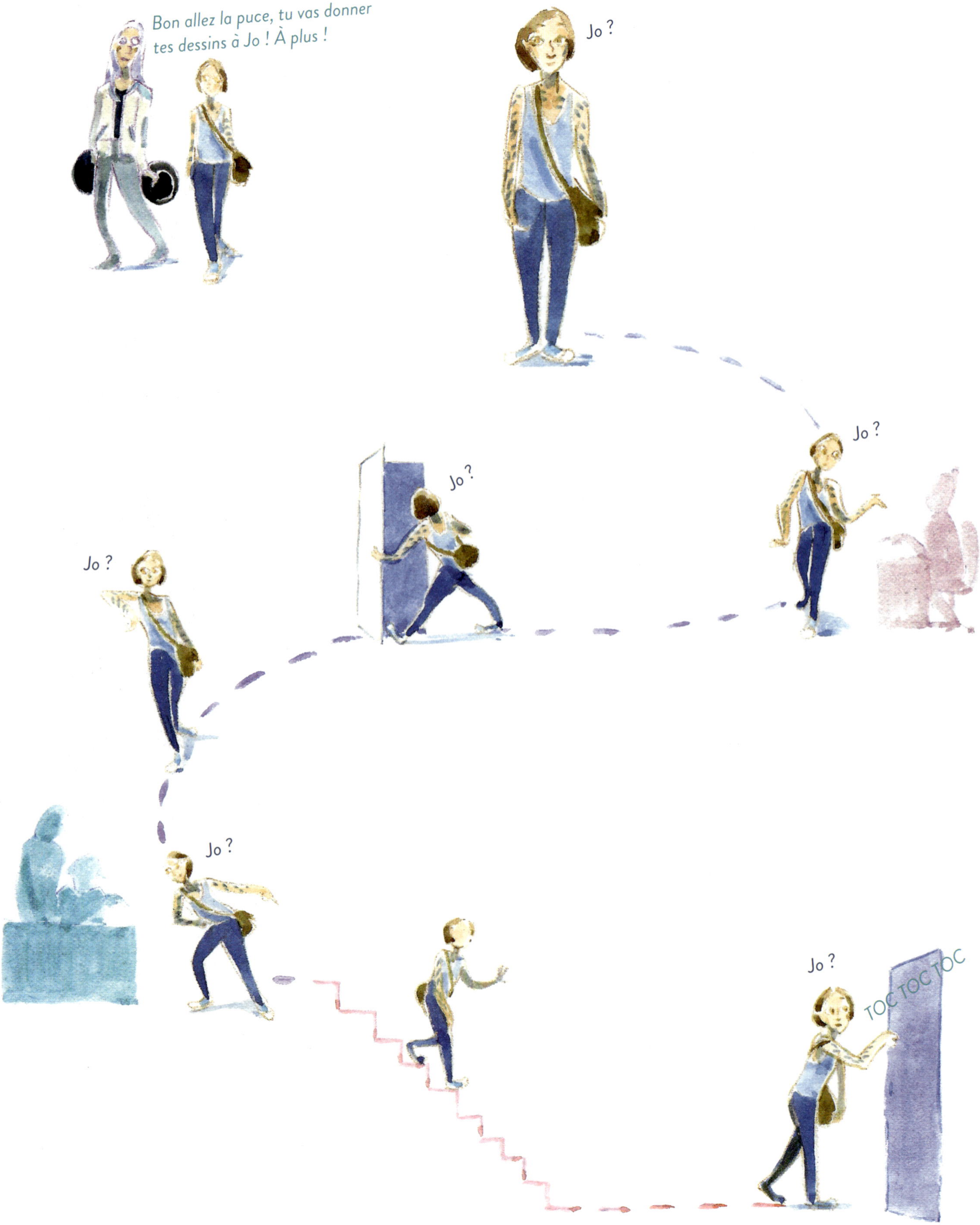
Bon allez la puce, tu vas donner tes dessins à Jo ! À plus !
Jo ?
Jo ?
Jo ?
Jo ?
Jo ?
Jo ?
TOC TOC TOC

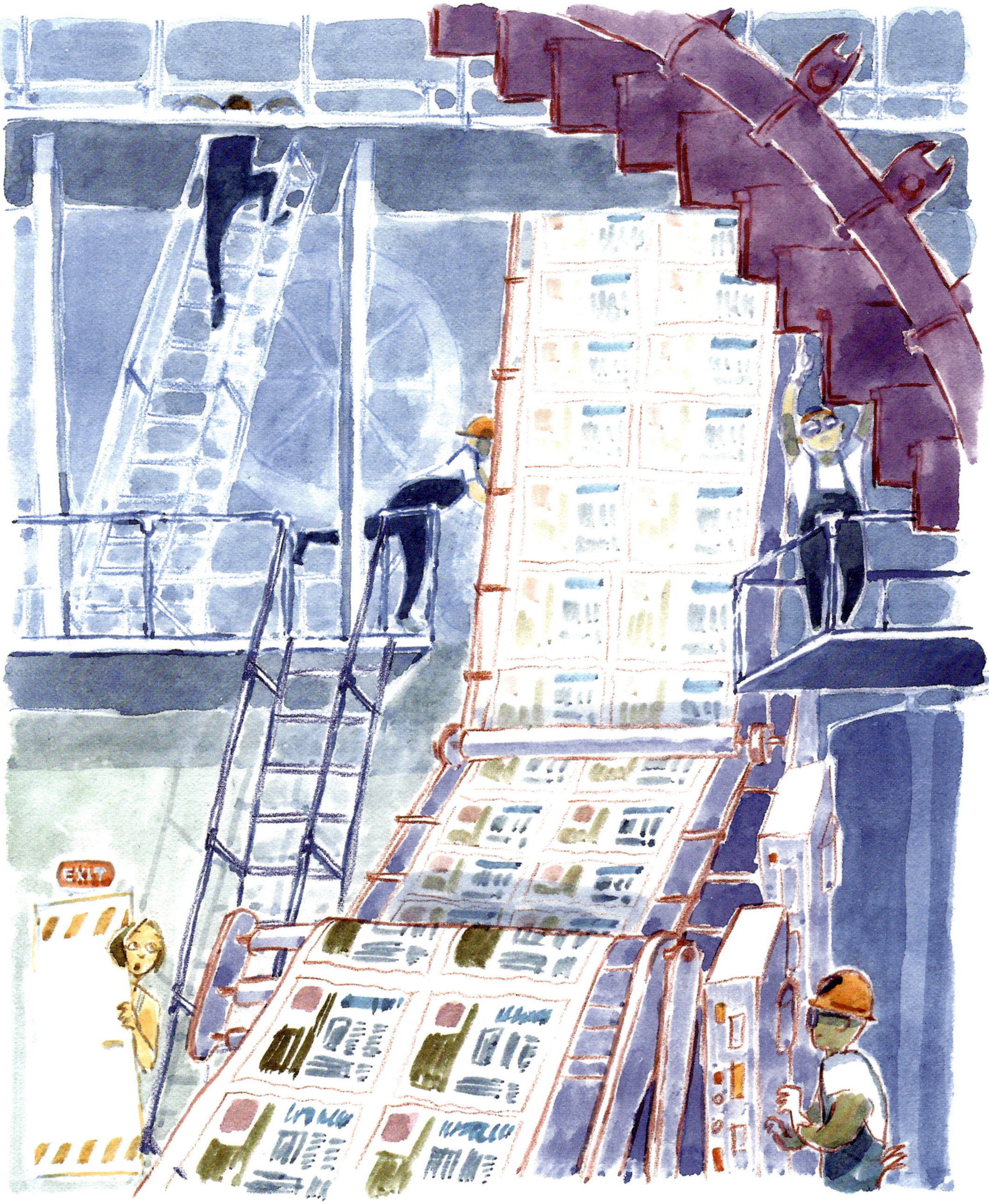
EXIT

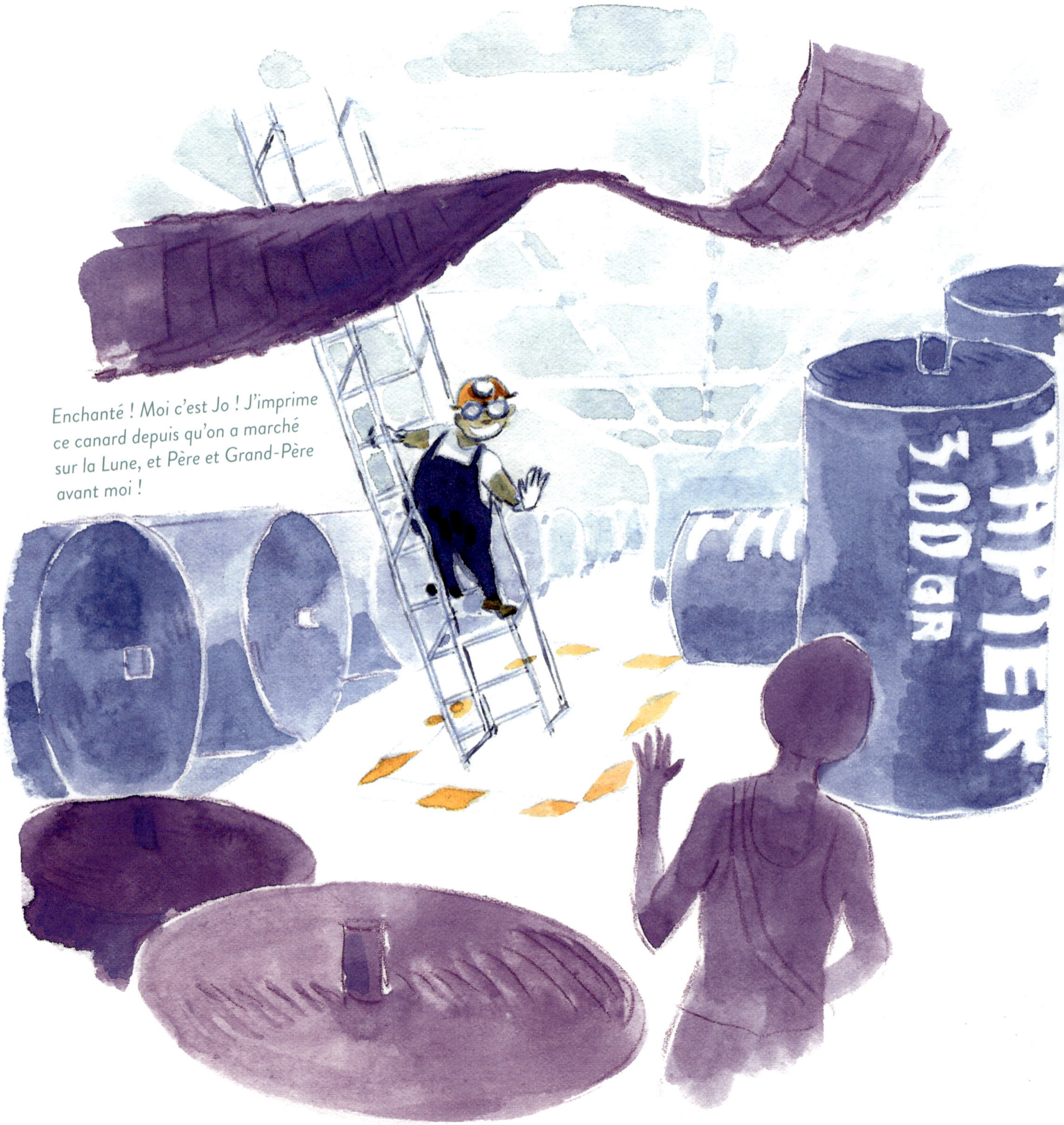
Enchanté ! Moi c'est Jo ! J'imprime ce canard depuis qu'on a marché sur la Lune, et Père et Grand-Père avant moi !
PAPIER
300 GR

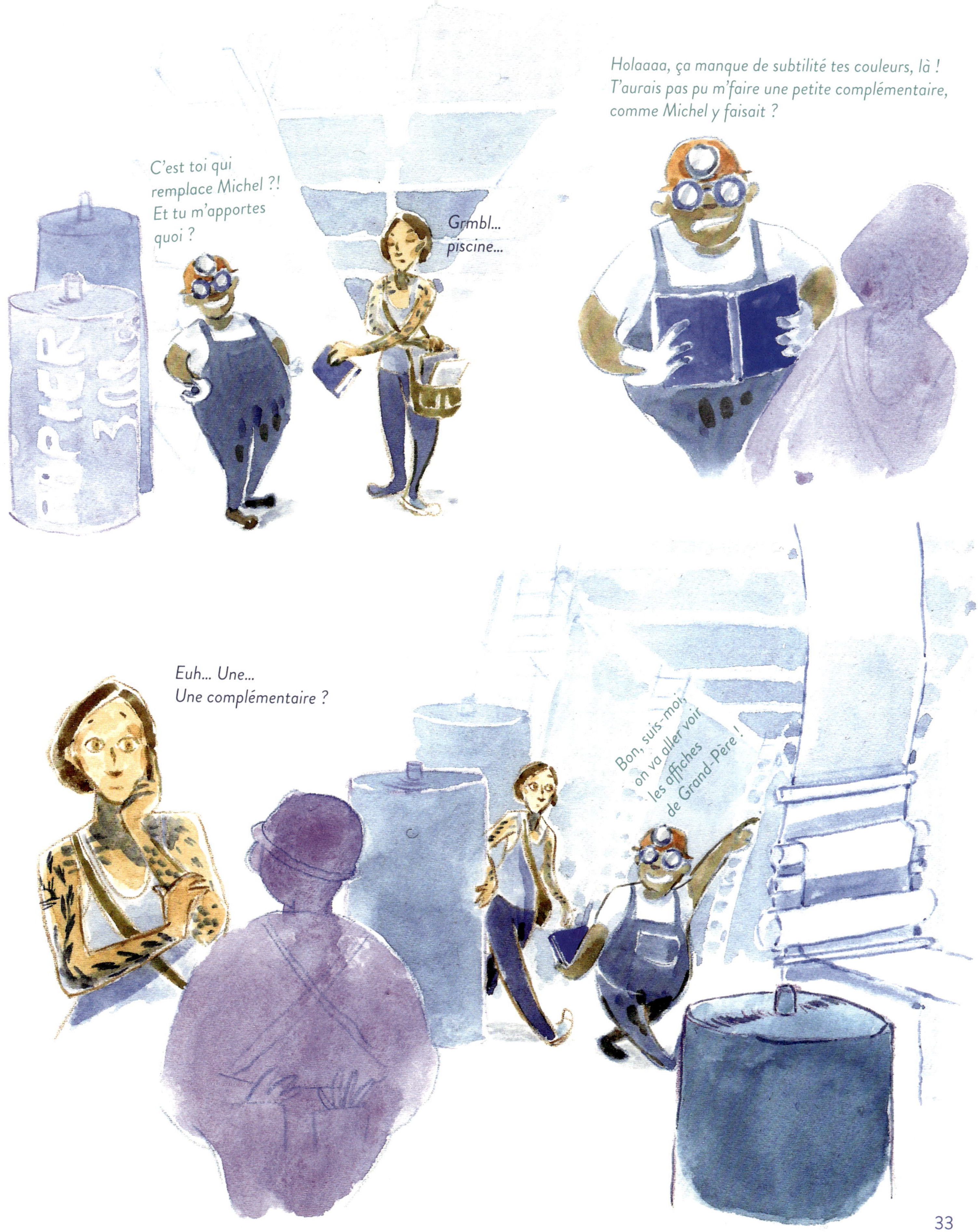
C'est toi qui remplace Michel ?! Et tu m'apportes quoi ?
Grmbl... piscine...
Holaaaa, ça manque de subtilité tes couleurs, là ! T'aurais pas pu m'faire une petite complémentaire, comme Michel y faisait ?
Euh... Une... Une complémentaire ?
Bon, suis-moi, on va aller voir les affiches de Grand-Père !

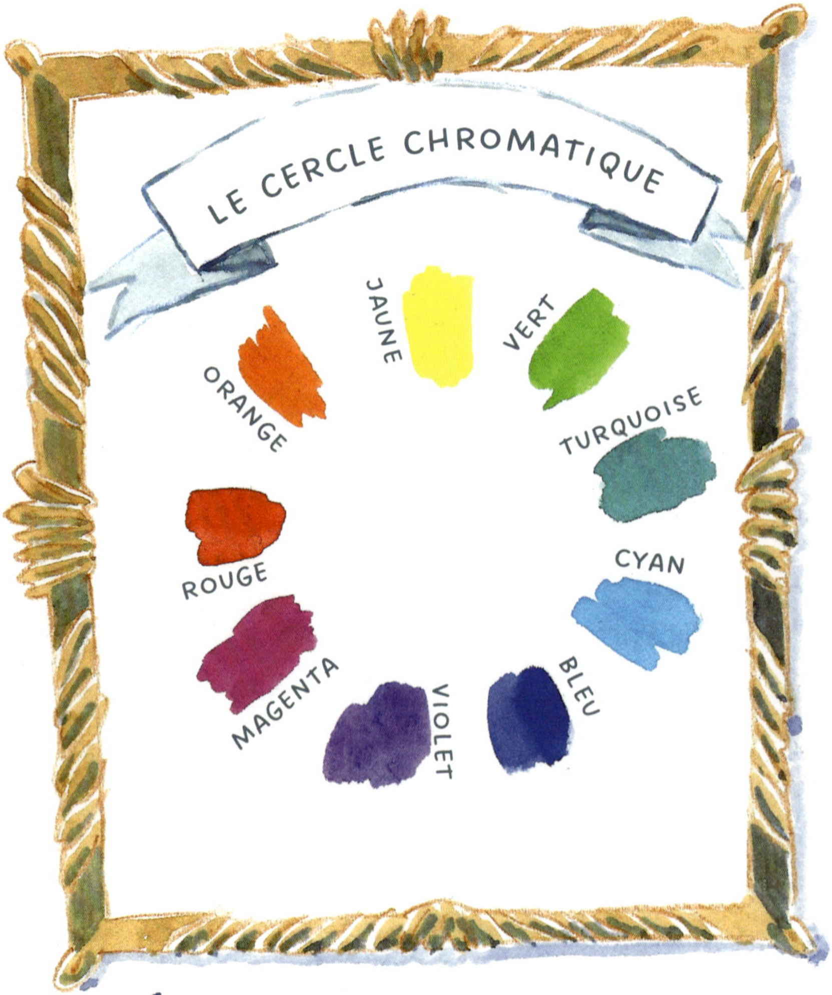

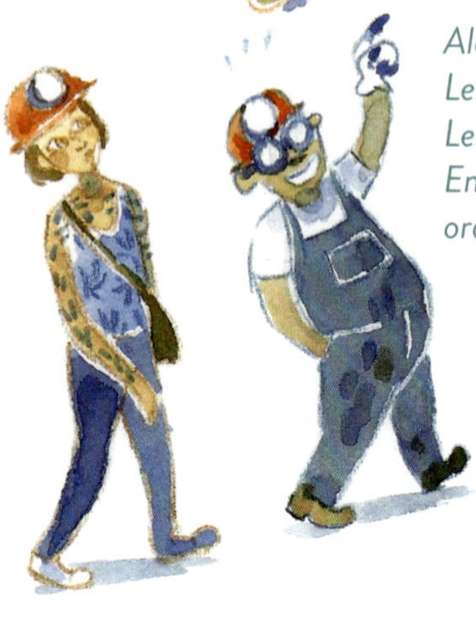

Alors, tout commence avec le cercle chromatique !
Les couleurs s'organisent en cercle.
Les primaires sont les principales : cyan, magenta, jaune.
Entre elles, on trouve les couleurs secondaires :
orange, rouge, violet, bleu, turquoise, vert…

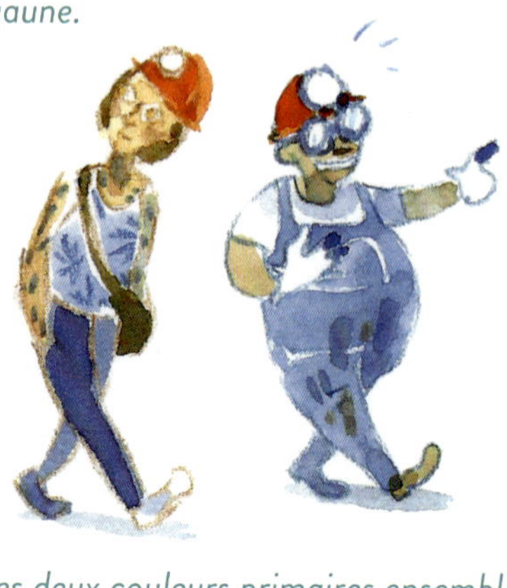

Si tu mélanges deux couleurs primaires ensemble,
en fonction de la quantité de l'une et de l'autre,
tu obtiens les couleurs secondaires situées entre elles.

LES CAMAÏEUX

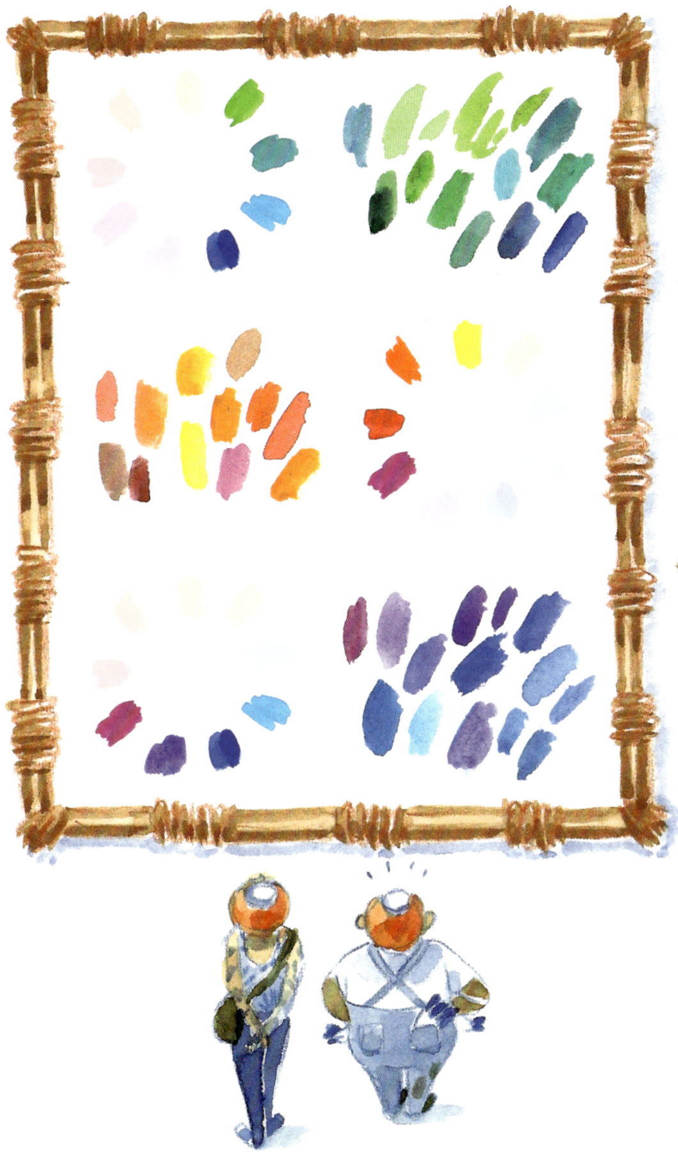

Si tu choisis des couleurs qui se touchent dans le cercle chromatique, c'est un camaïeu. C'est plus doux… C'est ce que tu nous as fait avec ta piscine, un camaïeu de bleus…

LES CONTRASTES COMPLÉMENTAIRES

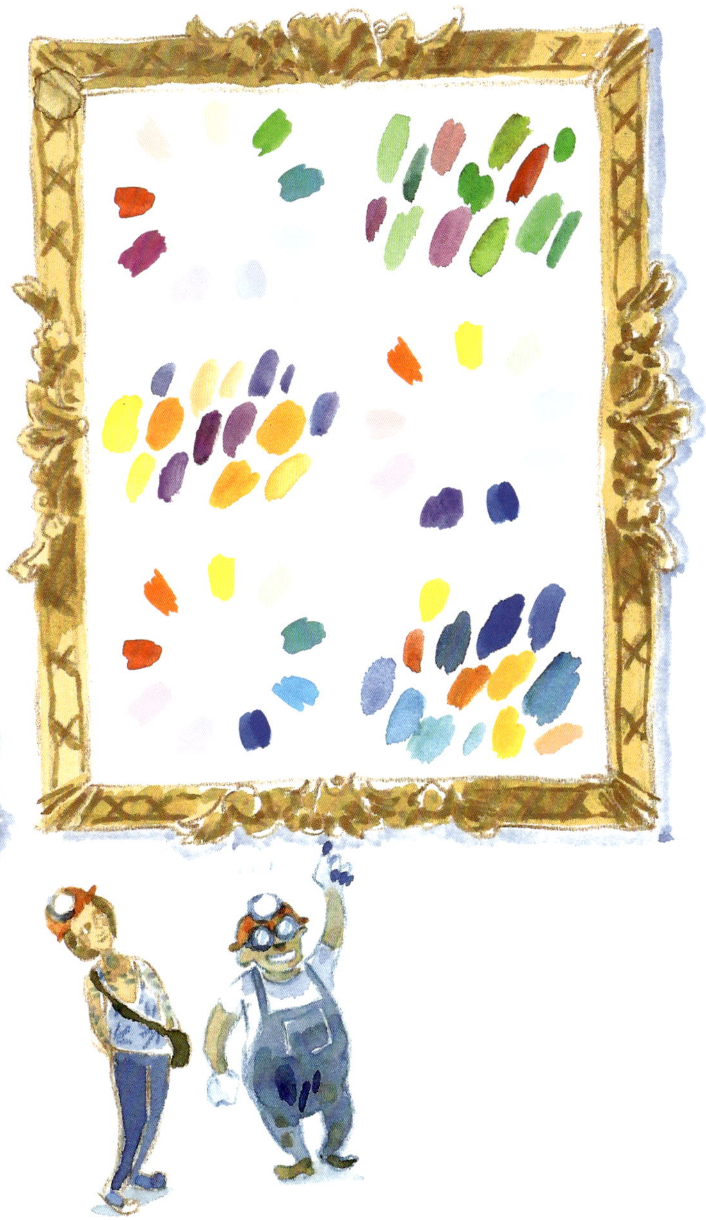

Si tu choisis des couleurs qui s'opposent dans le cercle chromatique, c'est un contraste complémentaire.
Ça donne à ton dessin plus de force !

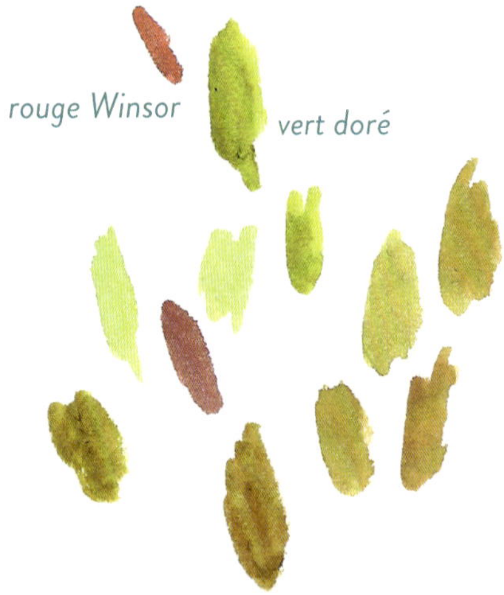

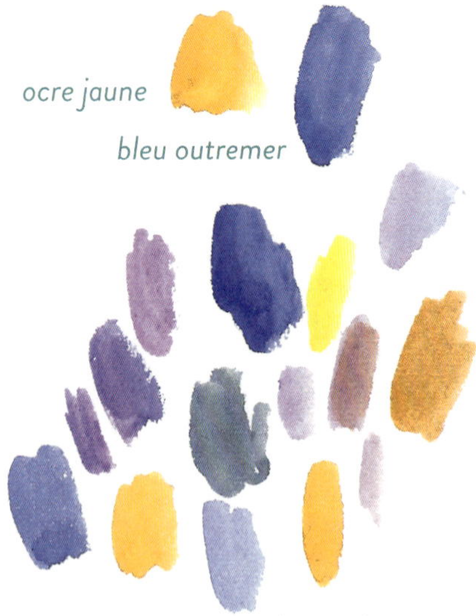

Avec les couleurs complémentaires, tu peux nuancer les couleurs.
Regarde : deux couleurs complémentaires...

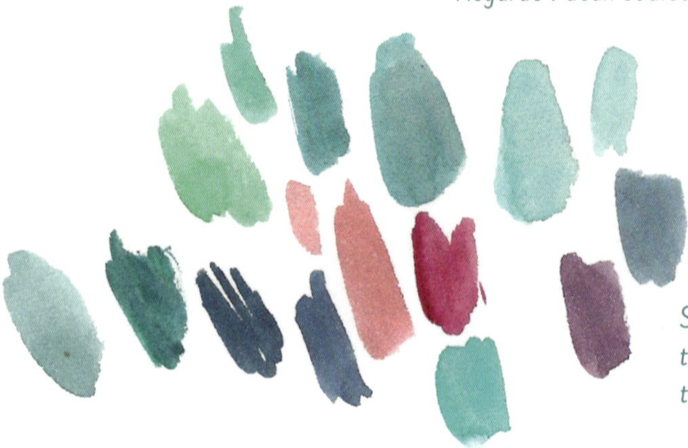

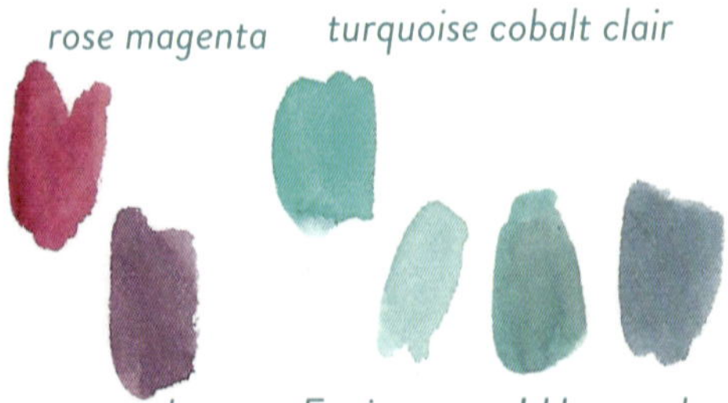

Si tu mets un peu de ce turquoise dans ce rose, tu nuances la couleur !

Et vice versa ! Un peu de ce rose dans ce turquoise, et tu obtiens de jolies nuances !

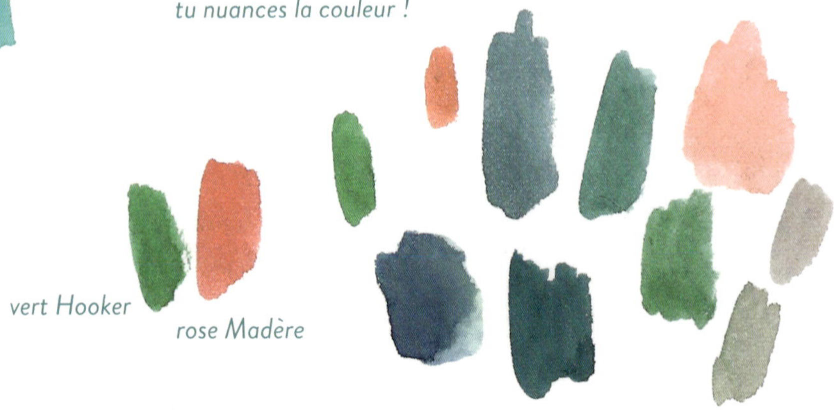

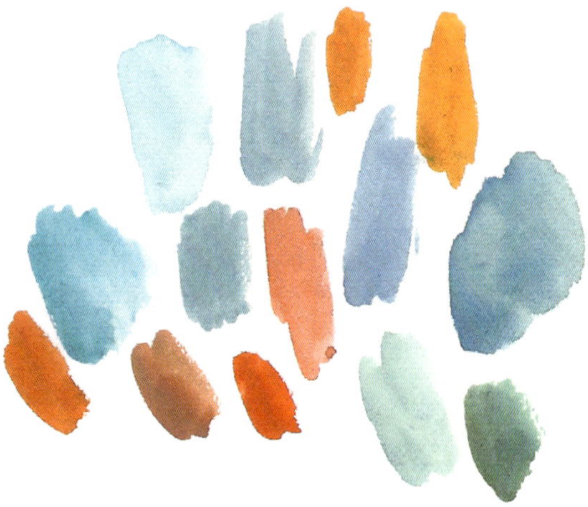

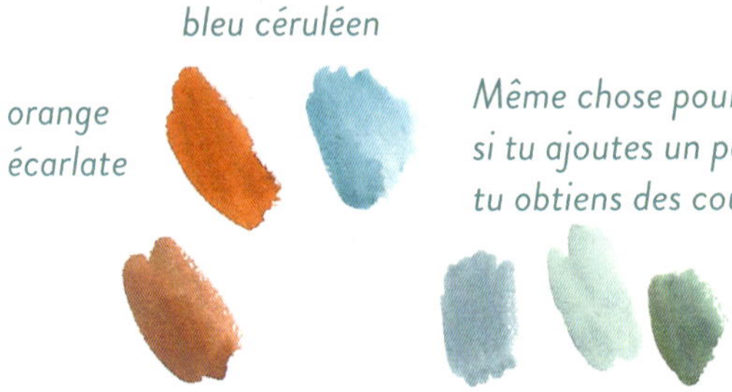

Même chose pour cet orange et ce cyan : si tu ajoutes un peu de l'une dans l'autre, tu obtiens des couleurs « rompues » !

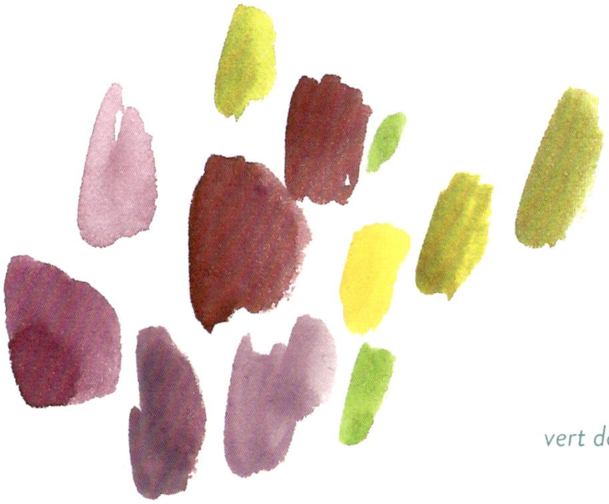

Ça fonctionne pour toutes les couleurs… Cet anis et ce rose deviennent plus subtils si tu les mélanges plus ou moins !

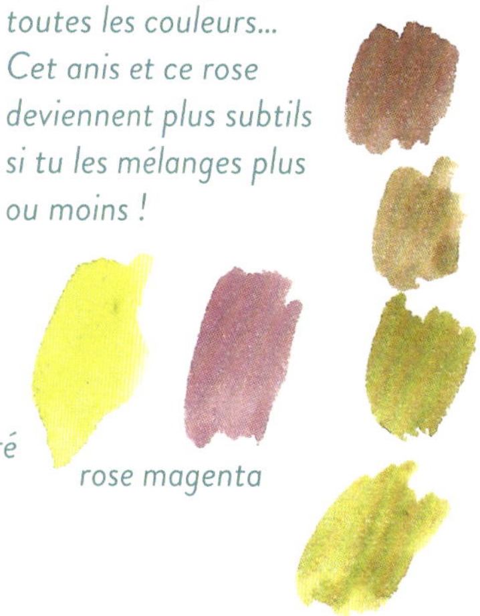

vert doré

rose magenta

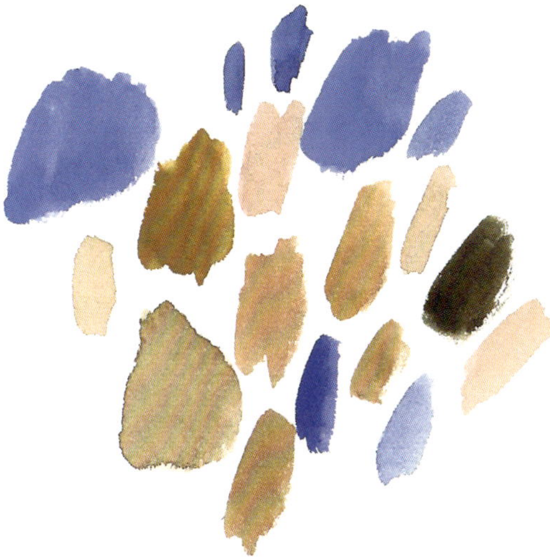

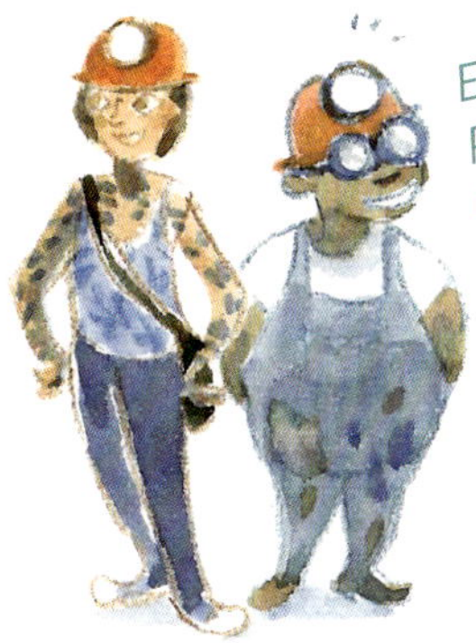

Et il y a un tas de possibilités ! Regarde tous ces contrastes complémentaires ! C'est infini !

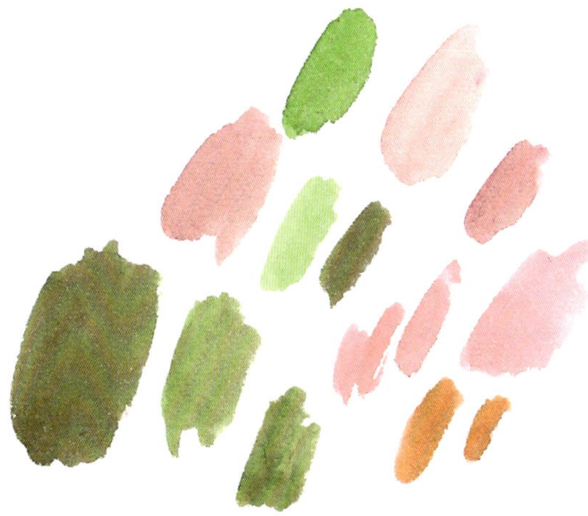

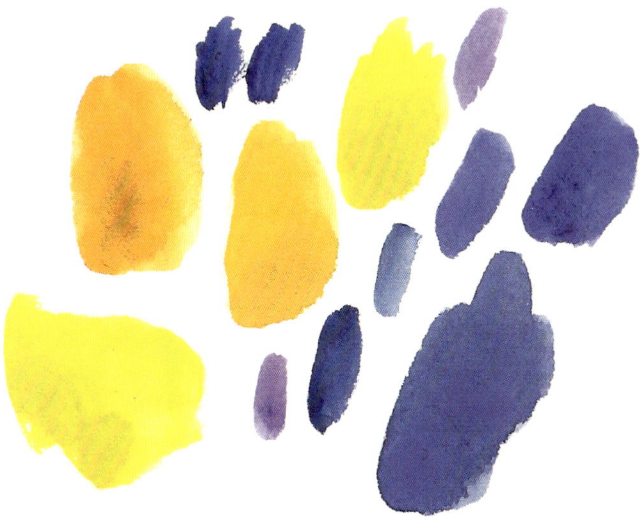

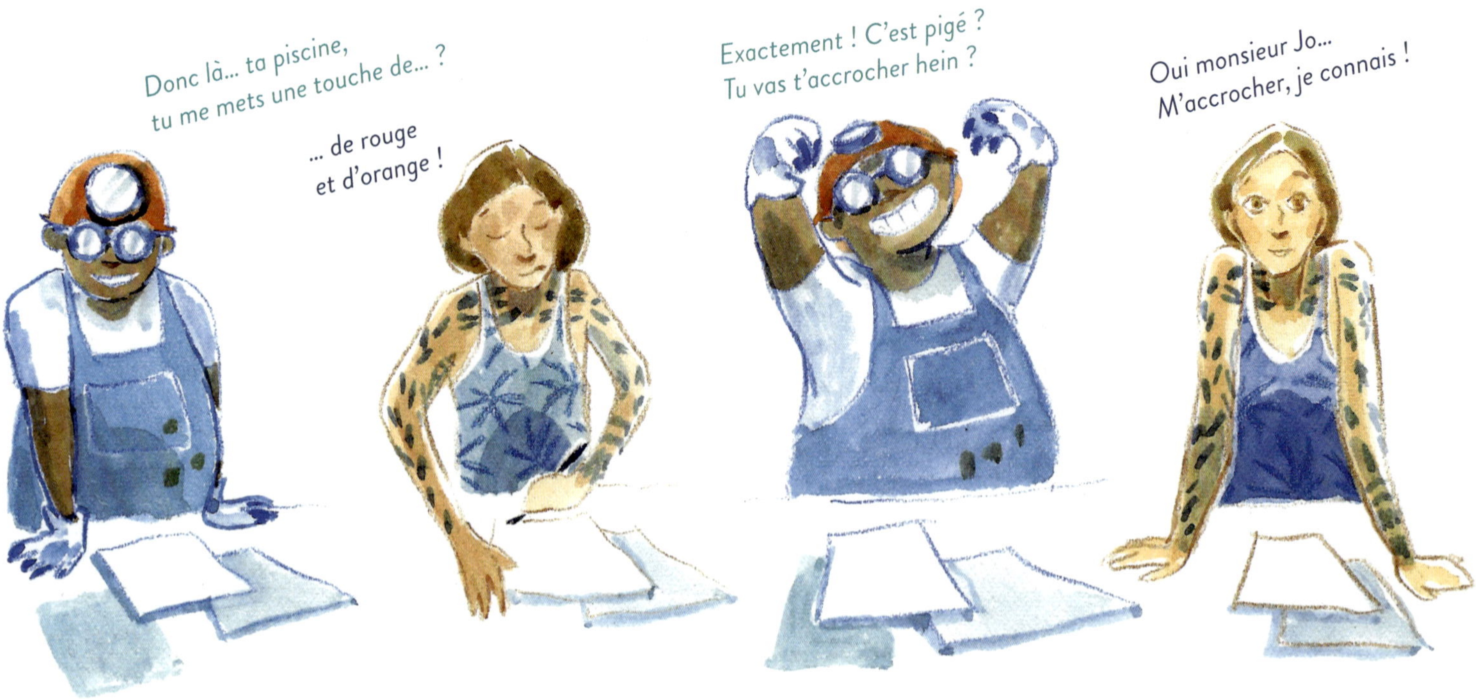
Donc là… ta piscine,
tu me mets une touche de… ?
… de rouge
et d'orange !
Exactement ! C'est pigé ?
Tu vas t'accrocher hein ?
Oui monsieur Jo…
M'accrocher, je connais !

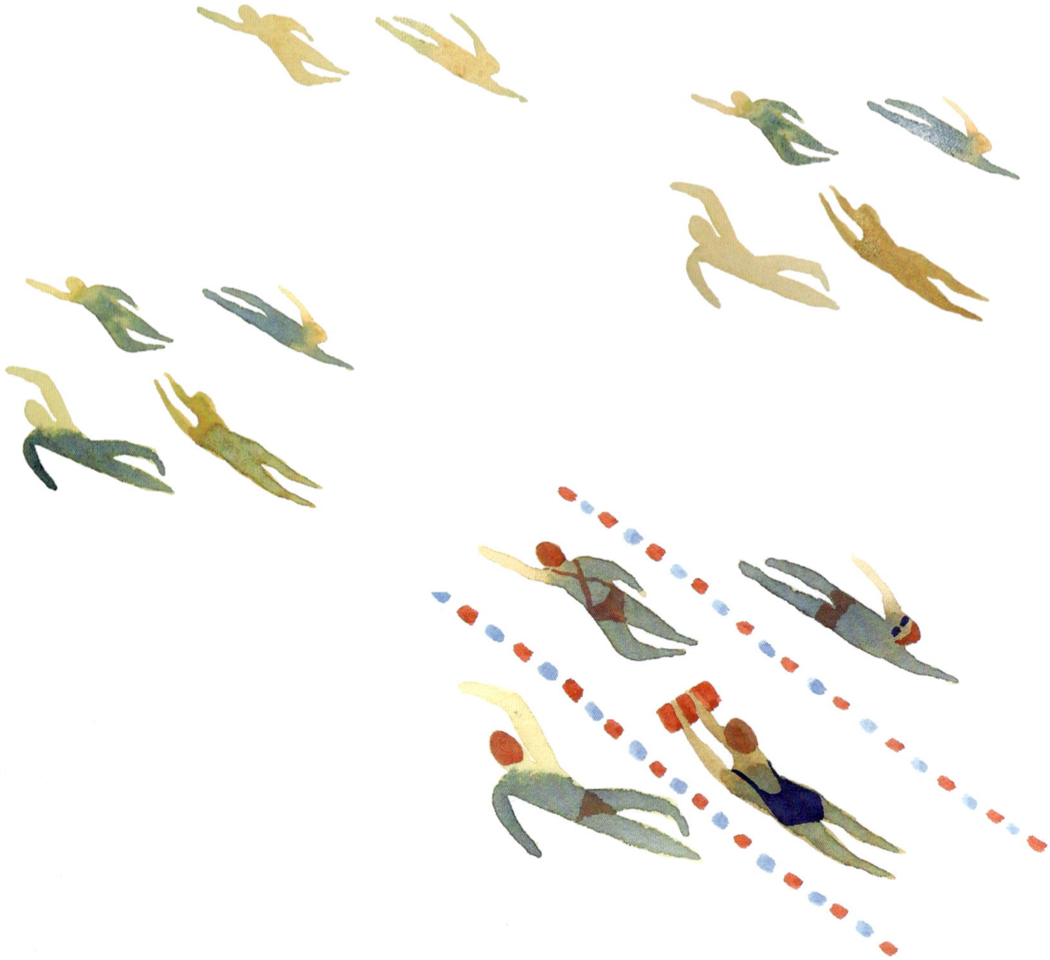

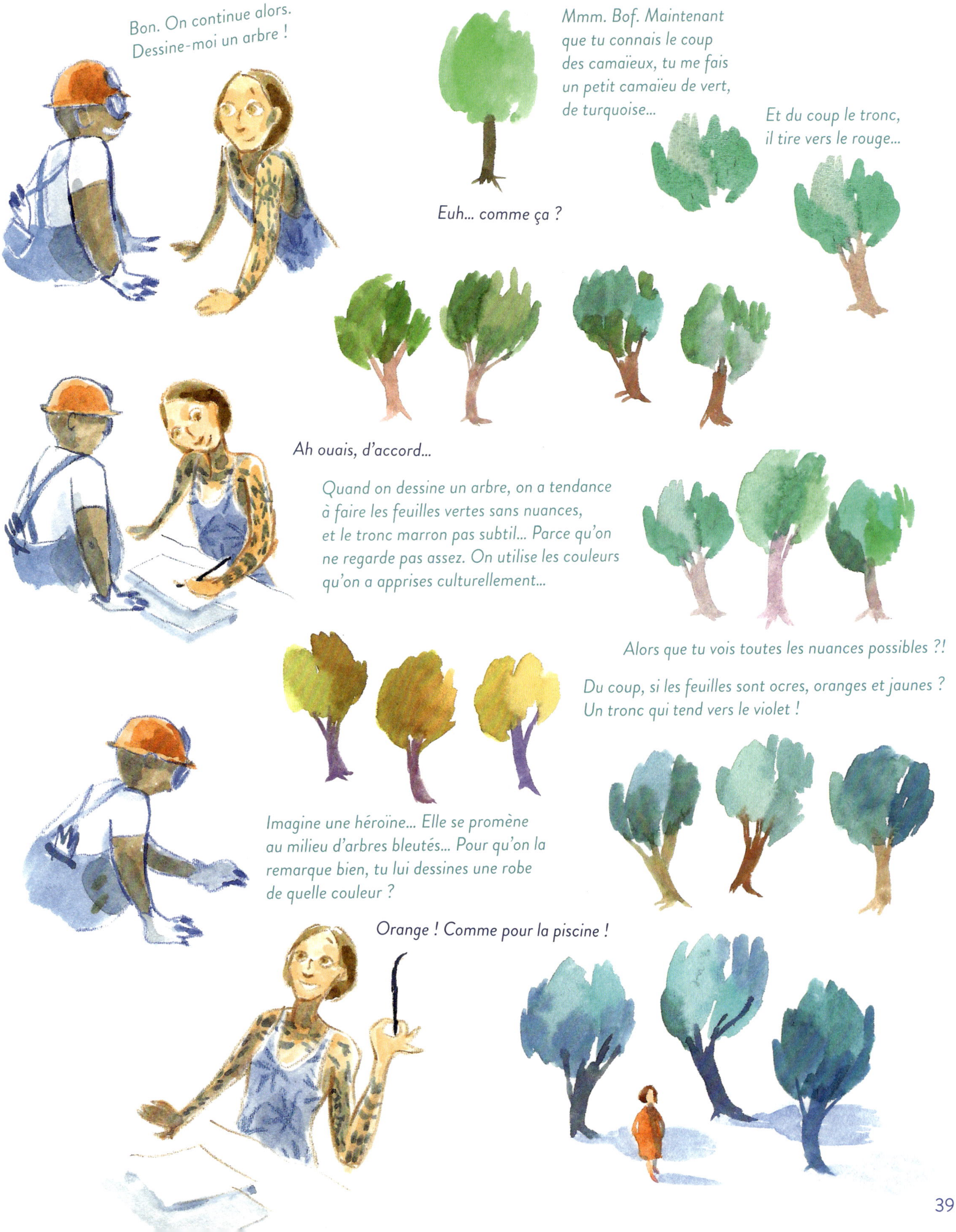
Bon. On continue alors. Dessine-moi un arbre !
Euh... comme ça ?
Mmm. Bof. Maintenant que tu connais le coup des camaïeux, tu me fais un petit camaïeu de vert, de turquoise...
Et du coup le tronc, il tire vers le rouge...
Ah ouais, d'accord...
Quand on dessine un arbre, on a tendance à faire les feuilles vertes sans nuances, et le tronc marron pas subtil... Parce qu'on ne regarde pas assez. On utilise les couleurs qu'on a apprises culturellement...
Alors que tu vois toutes les nuances possibles ?!
Du coup, si les feuilles sont ocres, oranges et jaunes ? Un tronc qui tend vers le violet !
Imagine une héroïne... Elle se promène au milieu d'arbres bleutés... Pour qu'on la remarque bien, tu lui dessines une robe de quelle couleur ?
Orange ! Comme pour la piscine !

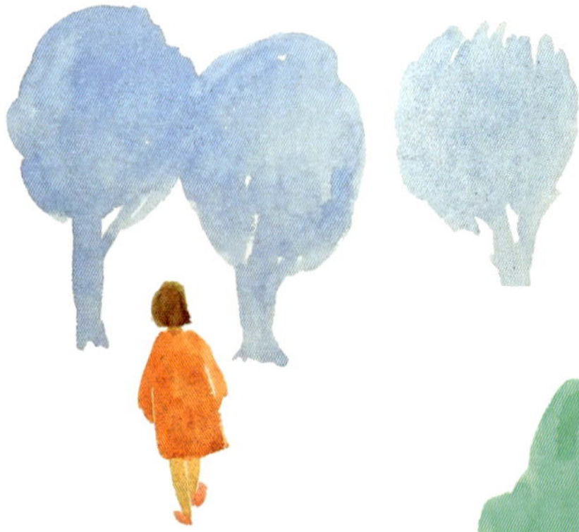

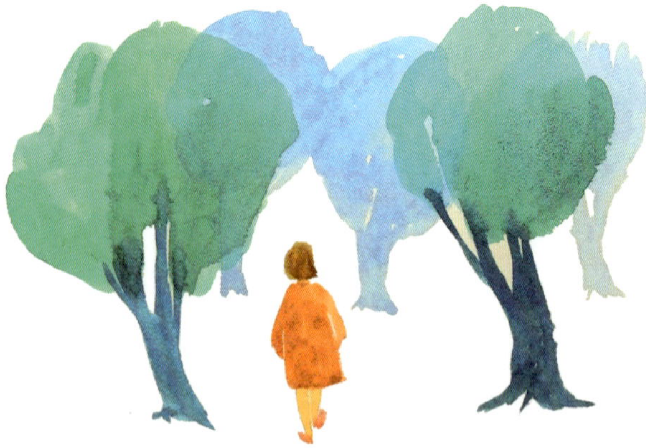

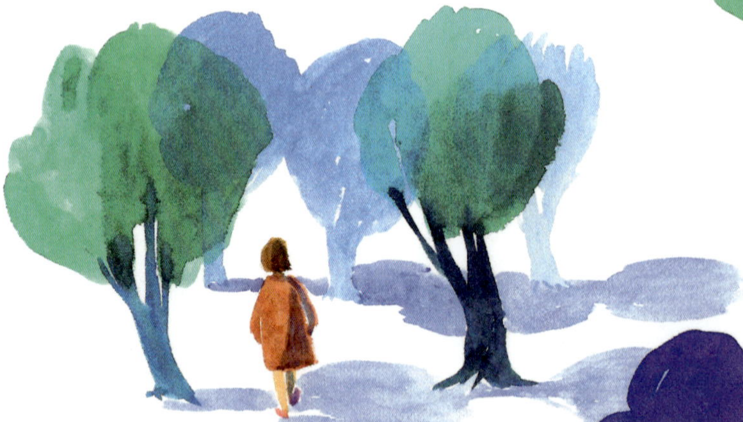

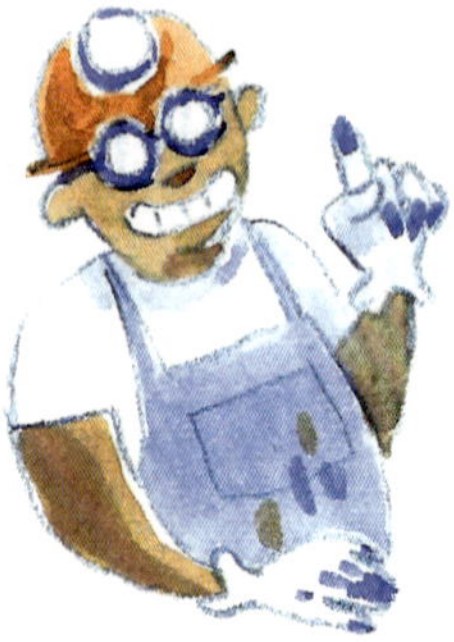

Bravo, j'crois que tu as compris !

Notre héroïne se promène dans le bois, à côté du nouveau quartier… Les bâtiments apparaissent, ils sont en pierre qui tire sur le jaune… Donc les arbres et notre p'tite dame passent en violet !

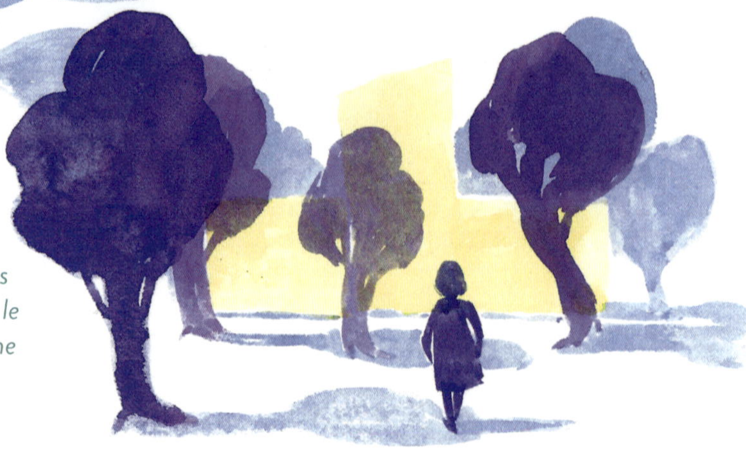

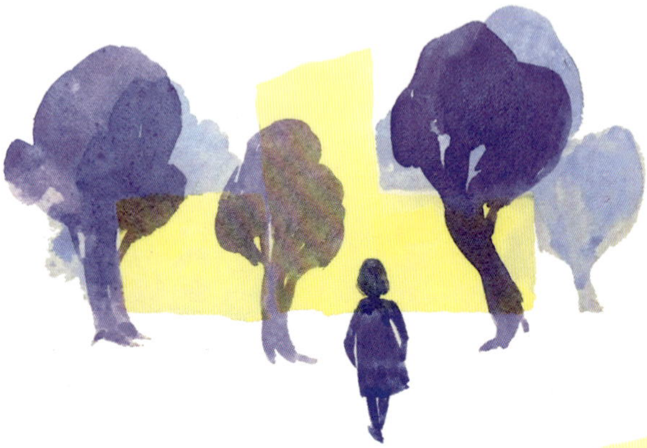

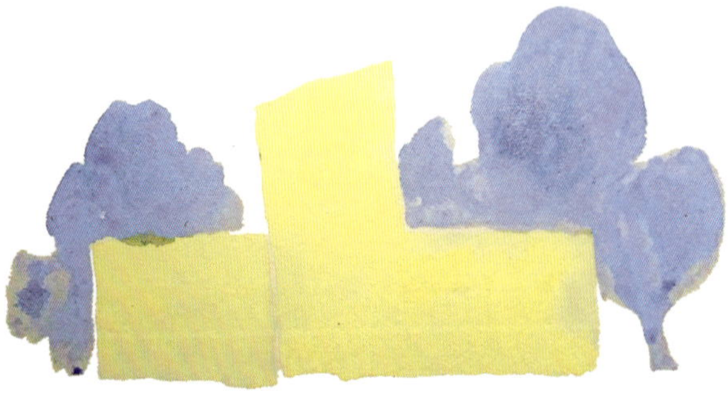

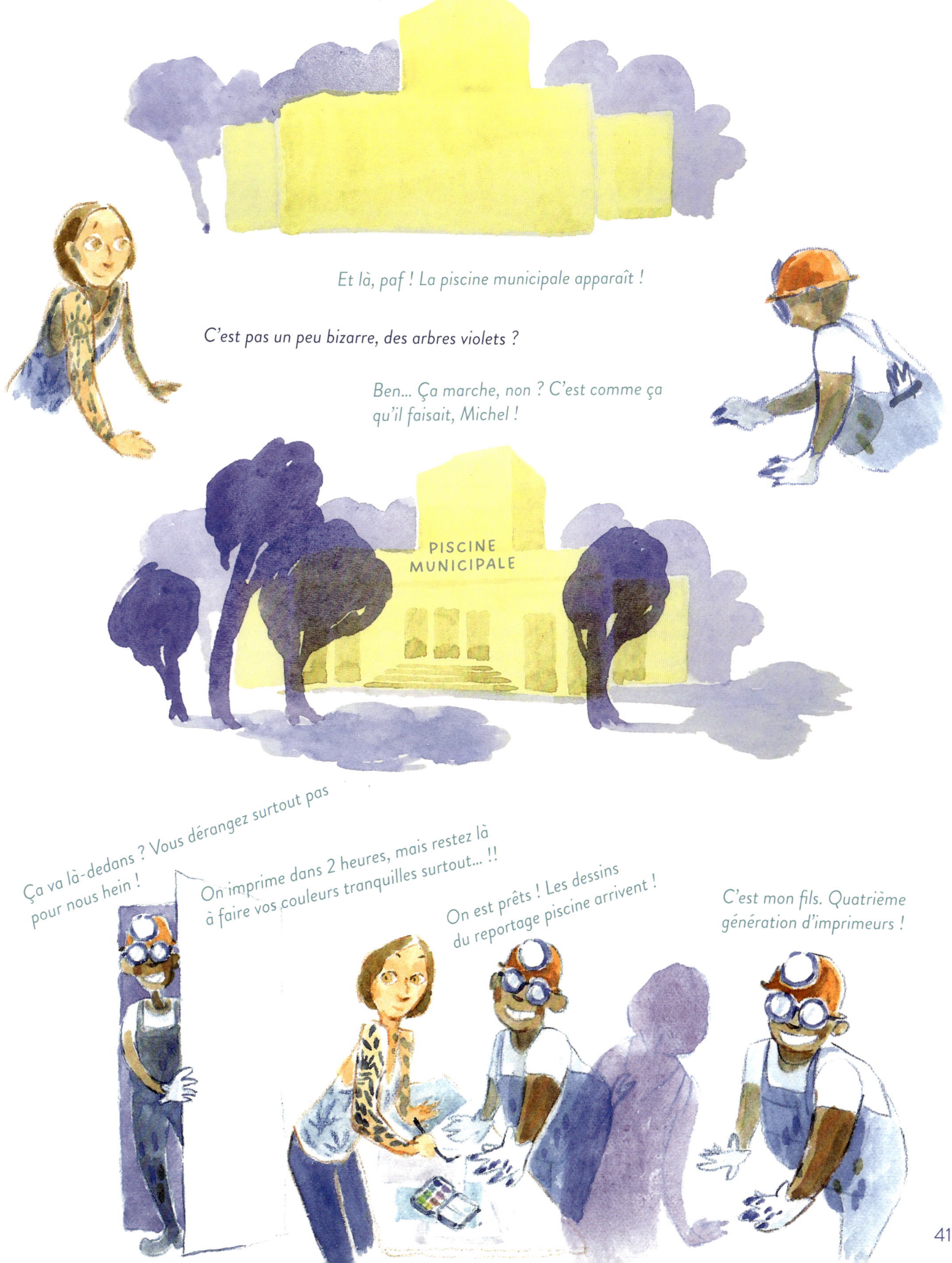
Et là, paf ! La piscine municipale apparaît !
C'est pas un peu bizarre, des arbres violets ?
Ben… Ça marche, non ? C'est comme ça qu'il faisait, Michel !
PISCINE MUNICIPALE
Ça va là-dedans ? Vous dérangez surtout pas pour nous hein !
On imprime dans 2 heures, mais restez là à faire vos couleurs tranquilles surtout… !!
On est prêts ! Les dessins du reportage piscine arrivent !
C'est mon fils. Quatrième génération d'imprimeurs !

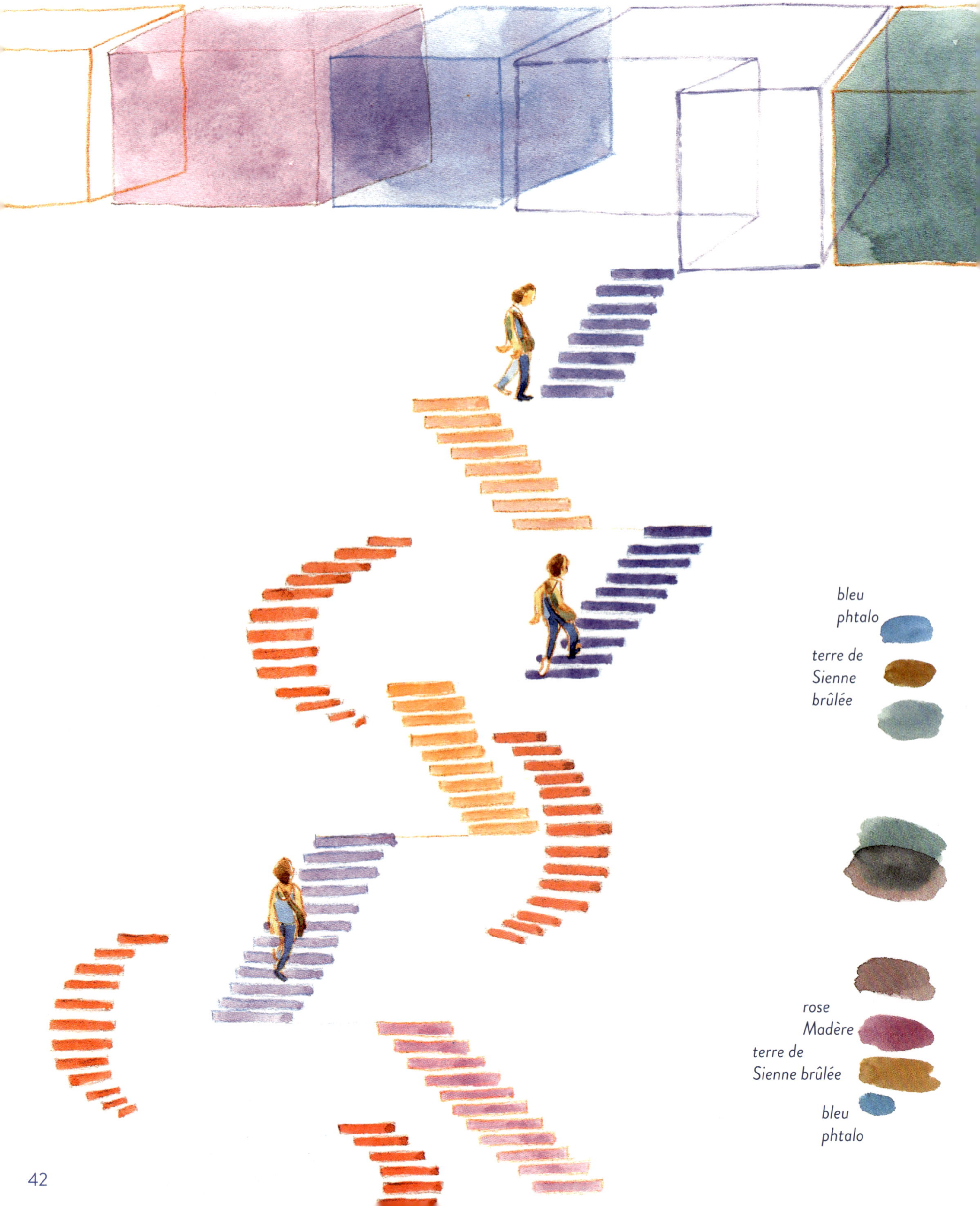
bleu
phtalo
terre de
Sienne
brûlée
rose
Madère
terre de
Sienne brûlée
bleu
phtalo

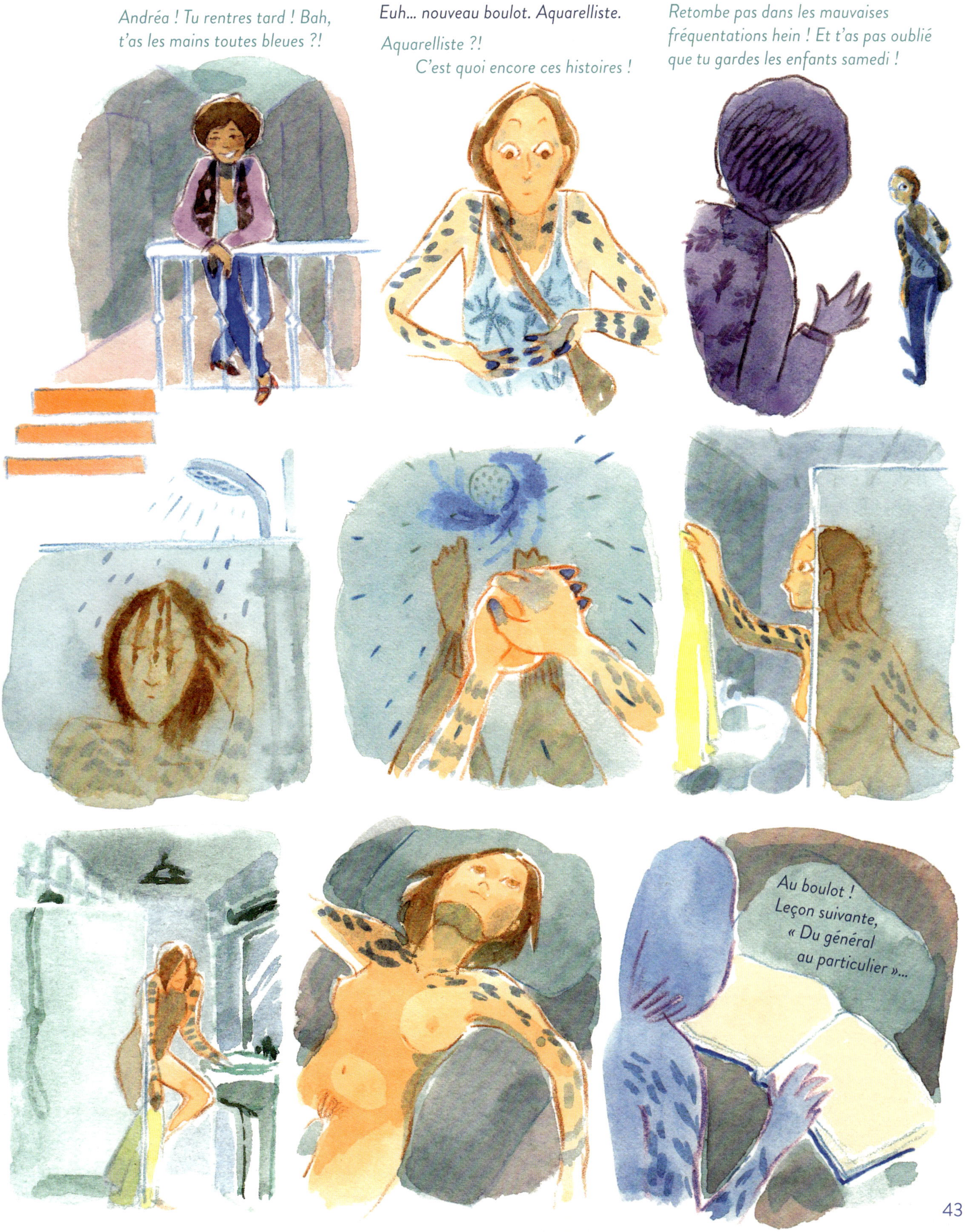
Andréa ! Tu rentres tard ! Bah, t'as les mains toutes bleues ?!
Euh… nouveau boulot. Aquarelliste.
Aquarelliste ?! C'est quoi encore ces histoires !
Retombe pas dans les mauvaises fréquentations hein ! Et t'as pas oublié que tu gardes les enfants samedi !
Au boulot ! Leçon suivante, « Du général au particulier »…

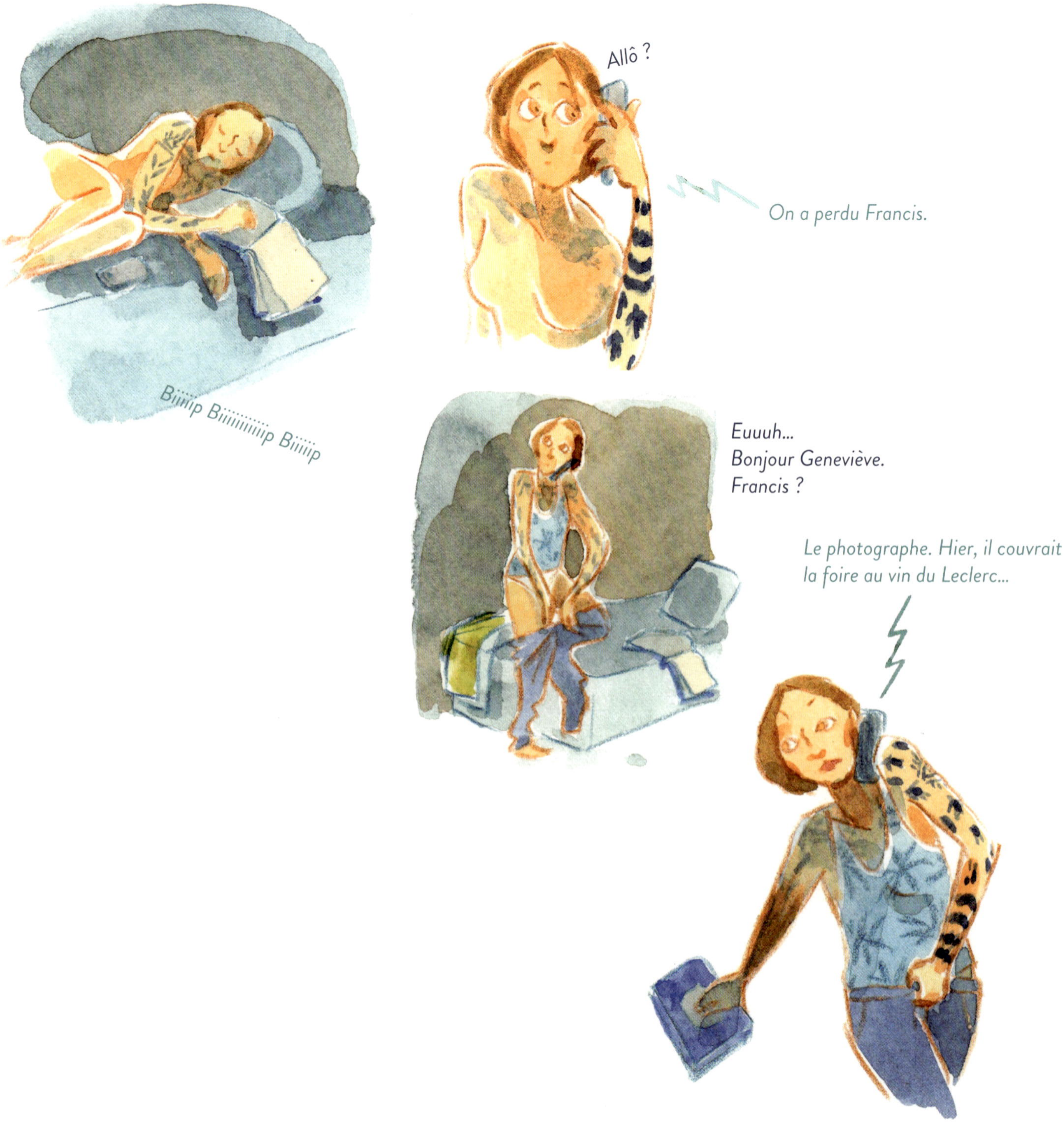
Biiiip Biiiiiiiiiip Biiiip
Allô ?
On a perdu Francis.
Euuuh... Bonjour Geneviève. Francis ?
Le photographe. Hier, il couvrait la foire au vin du Leclerc...

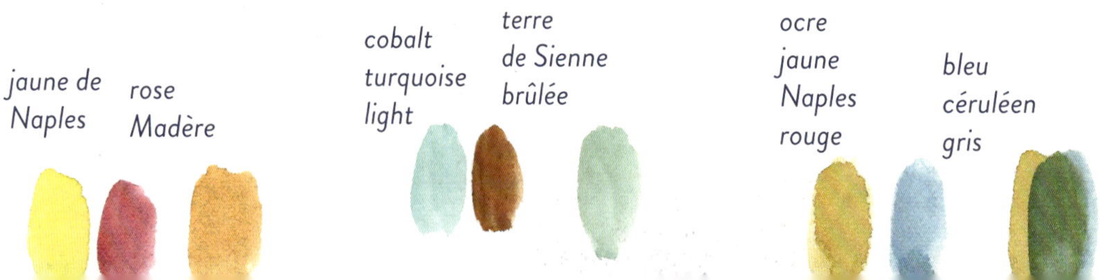
jaune de Naples
rose Madère
cobalt turquoise light
terre de Sienne brûlée
ocre jaune Naples rouge
bleu céruléen gris

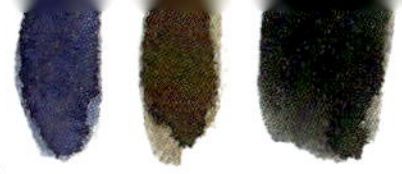

indigo

terre
d'ombre
naturelle

vert
de vessie

bleu
indanthrène

... La dernière fois, on a mis
trois semaines à le retrouver...

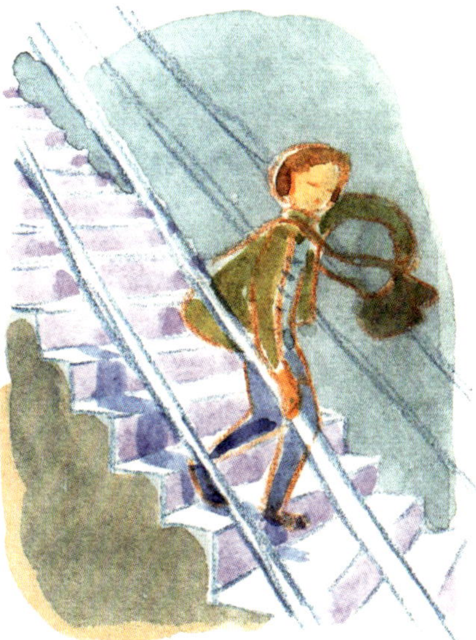

... donc c'est toi qui m'accompagnes !

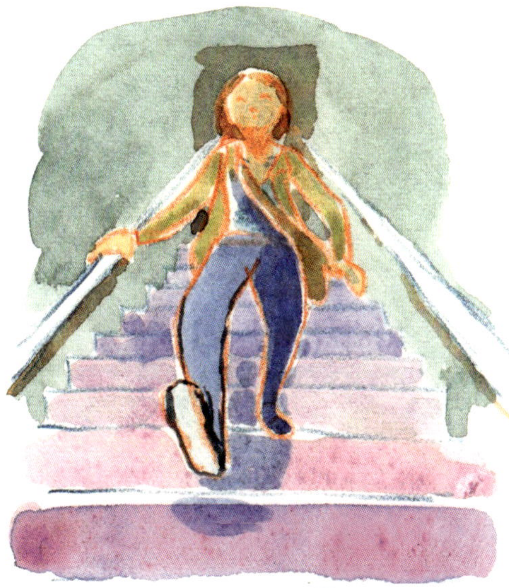

Y a match contre Teurgoule !

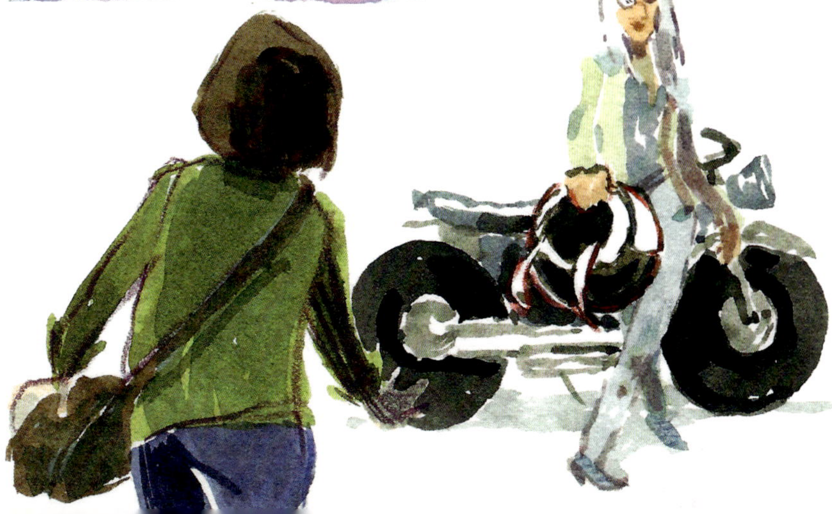

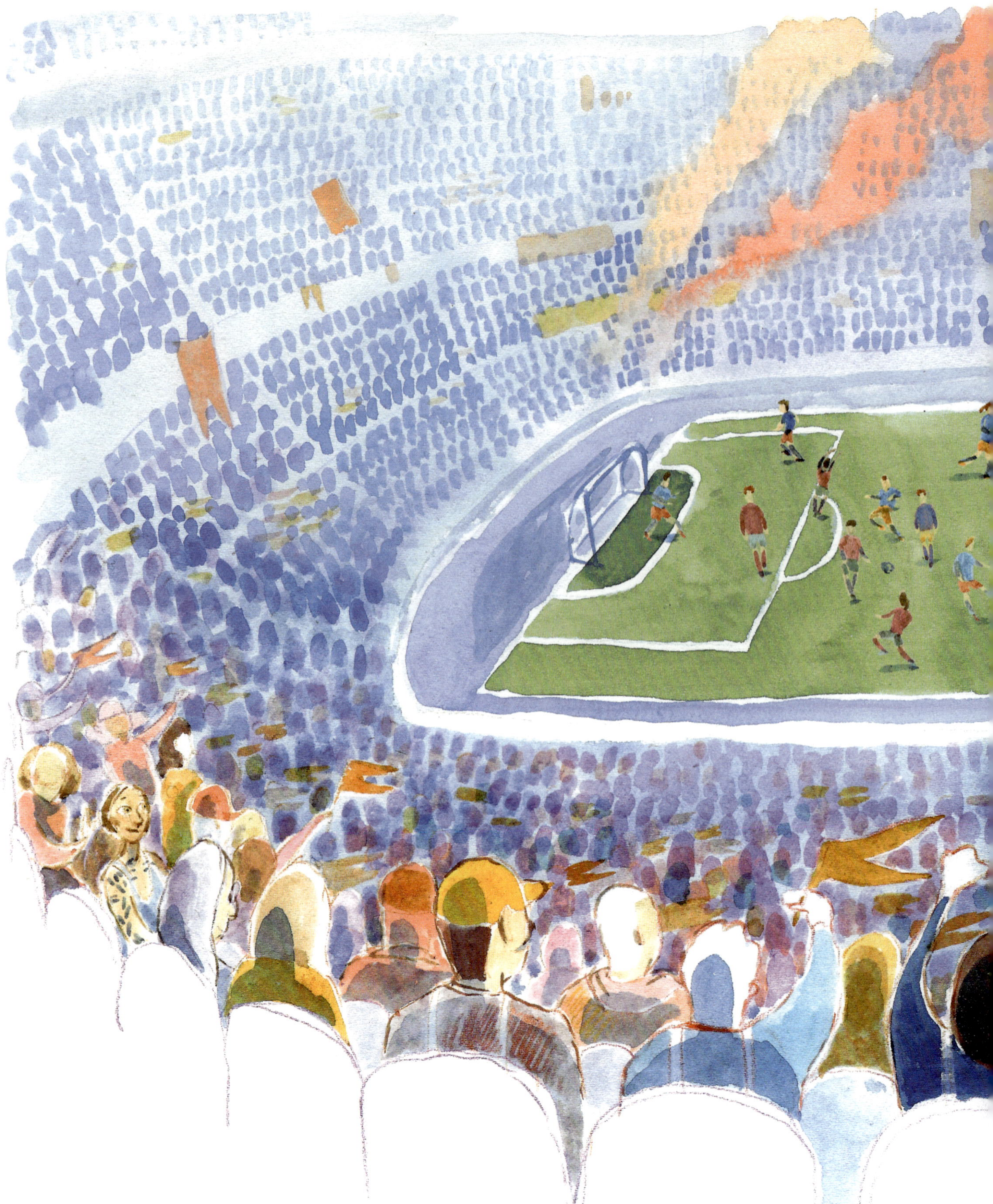

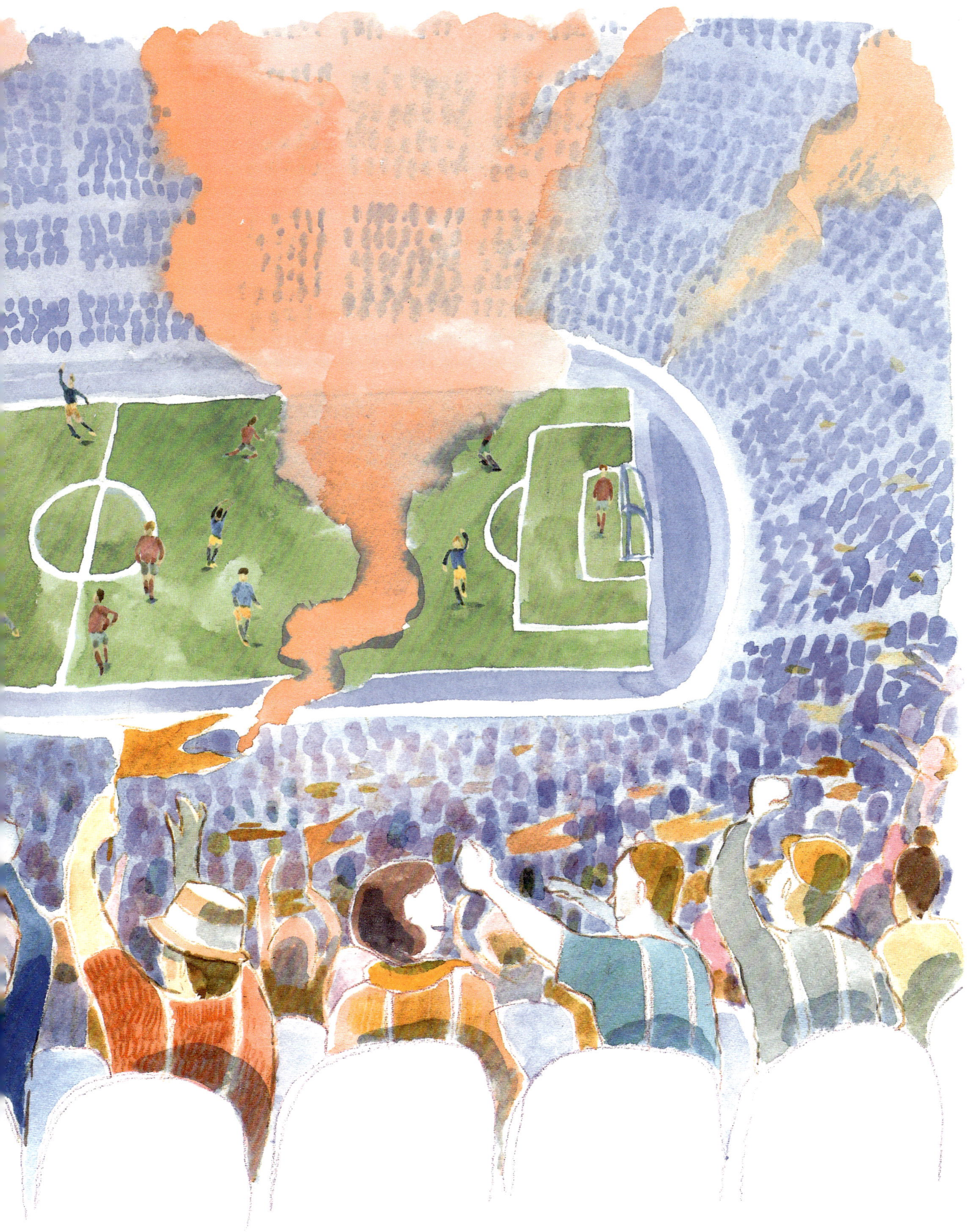

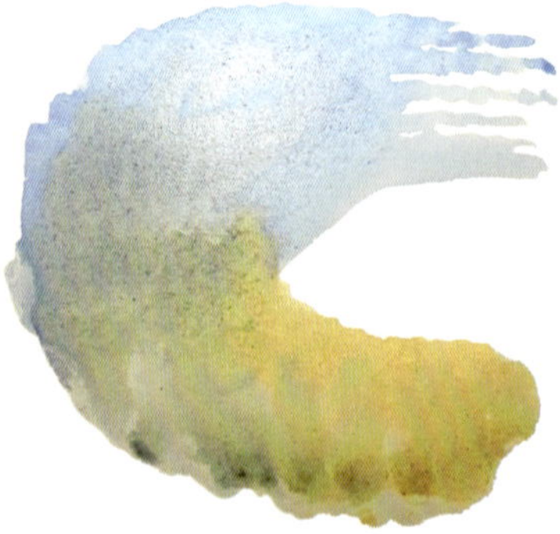

Holala, mais c'est le cauchemar… Je vais jamais m'en sortir !

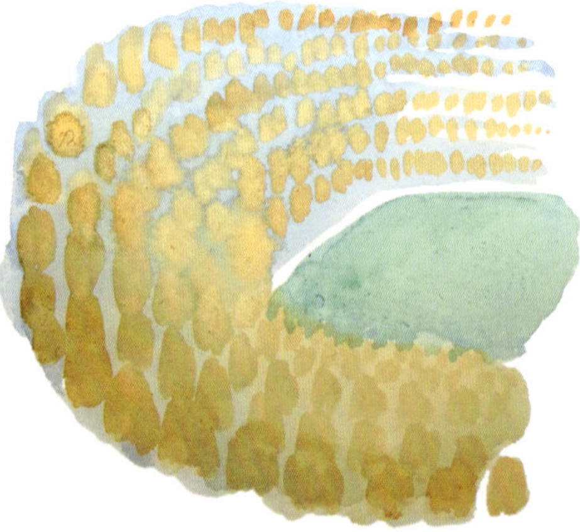

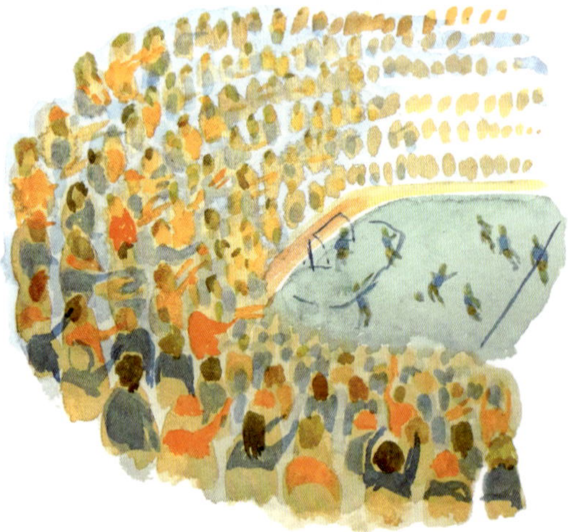

Bon, en même temps, si je dessine supporter par supporter, j'suis pas arrivée ! Michel il a dit, « du général au particulier »…

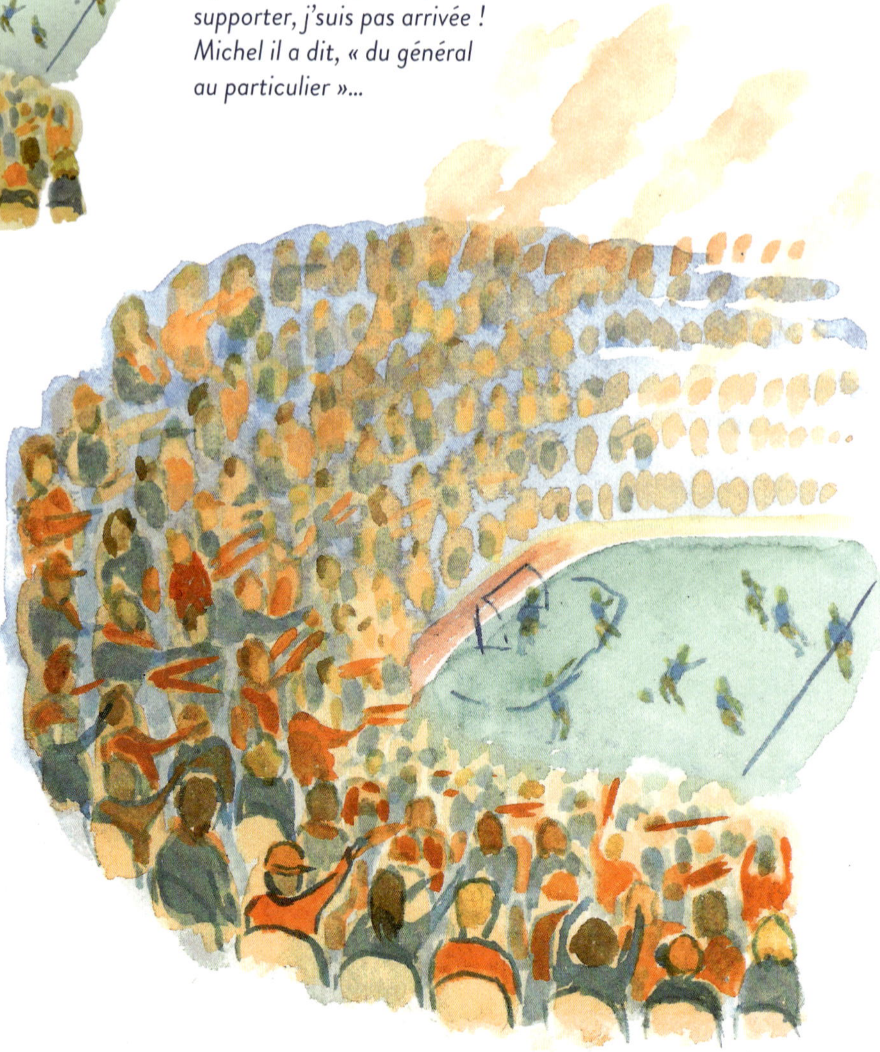

Donc, je commence dans le flou, tout mouillé, et petit à petit, je précise. Plus c'est proche, plus je détaille. Plus c'est proche, plus j'attends que ce soit sec aussi…

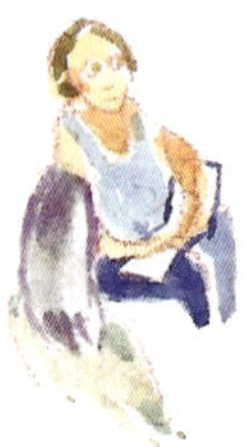

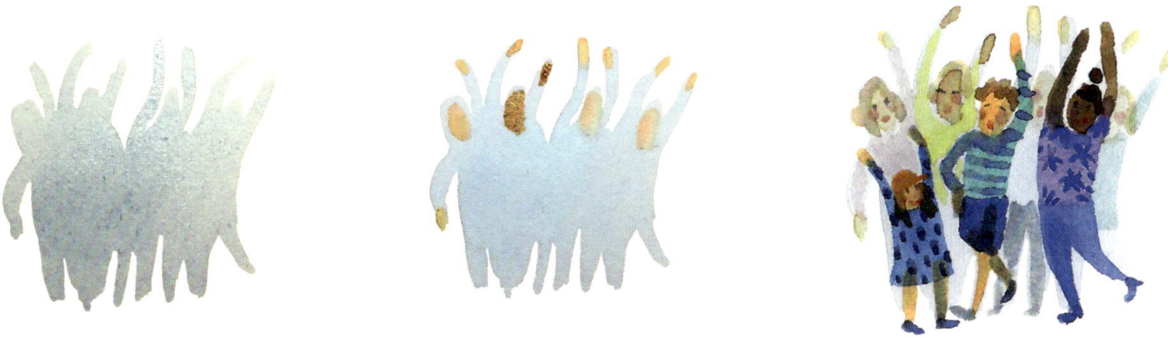

Bon, ça a l'air galère comme ça, mais c'est plus facile que ça n'en a l'air.
Je fais la masse avec un jus dilué. Je n'attends pas que ce soit sec
pour faire les silhouettes derrière et leur visage...

Puis quand c'est sec, je dessine les personnages
qui sont tout devant...

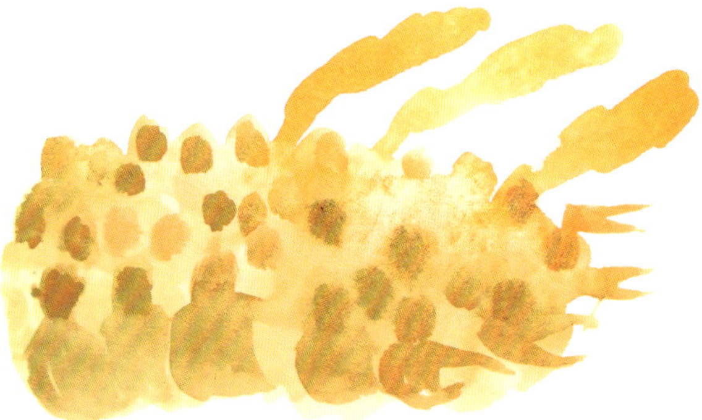

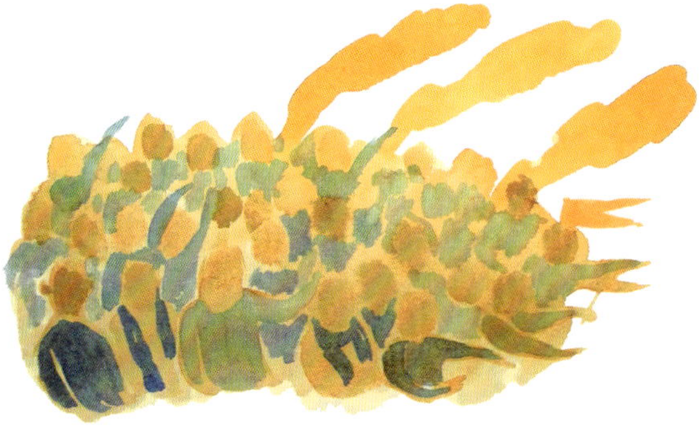

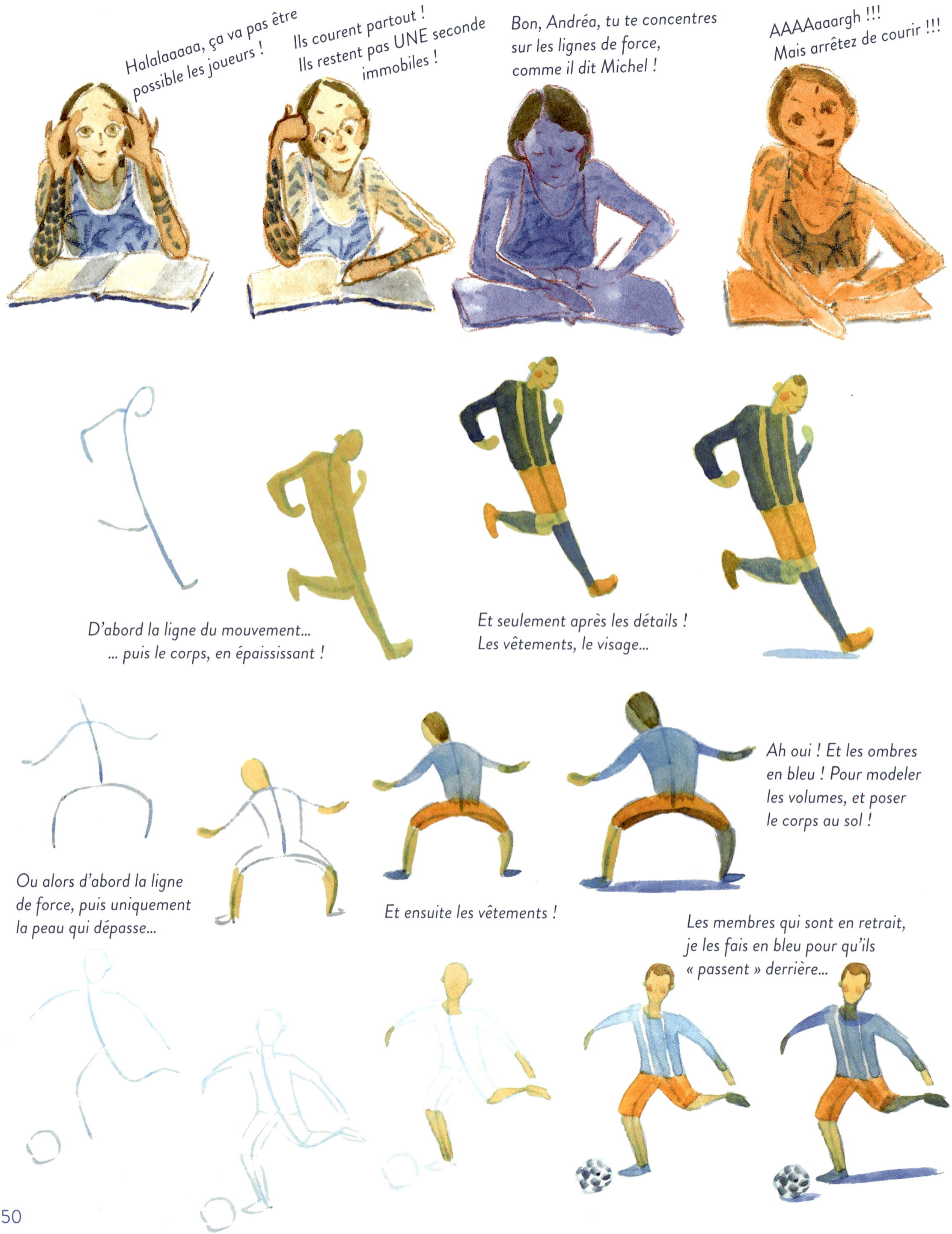
Halalaaaaa, ça va pas être possible les joueurs !
Ils courent partout ! Ils restent pas UNE seconde immobiles !
Bon, Andréa, tu te concentres sur les lignes de force, comme il dit Michel !
AAAAaaargh !!! Mais arrêtez de courir !!!
D'abord la ligne du mouvement...
... puis le corps, en épaississant !
Et seulement après les détails ! Les vêtements, le visage...
Ah oui ! Et les ombres en bleu ! Pour modeler les volumes, et poser le corps au sol !
Ou alors d'abord la ligne de force, puis uniquement la peau qui dépasse...
Et ensuite les vêtements !
Les membres qui sont en retrait, je les fais en bleu pour qu'ils « passent » derrière...

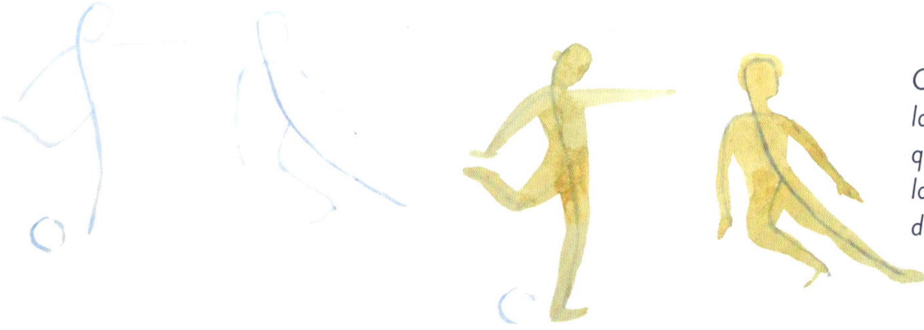

Ce qui est bien si je fais la ligne en bleu, c'est qu'elle disparaît sous la couleur... Elle se fait discrète !

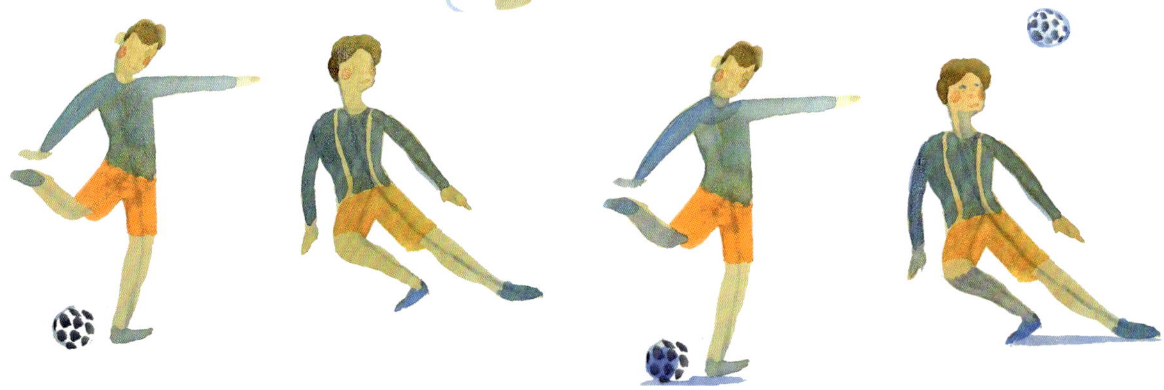

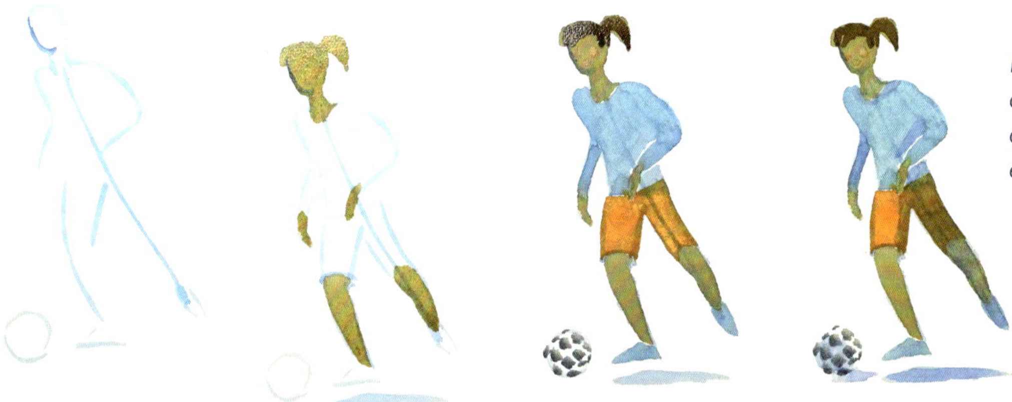

Et si je décolle l'ombre du personnage, on comprend qu'il est en suspension, en pleine course !

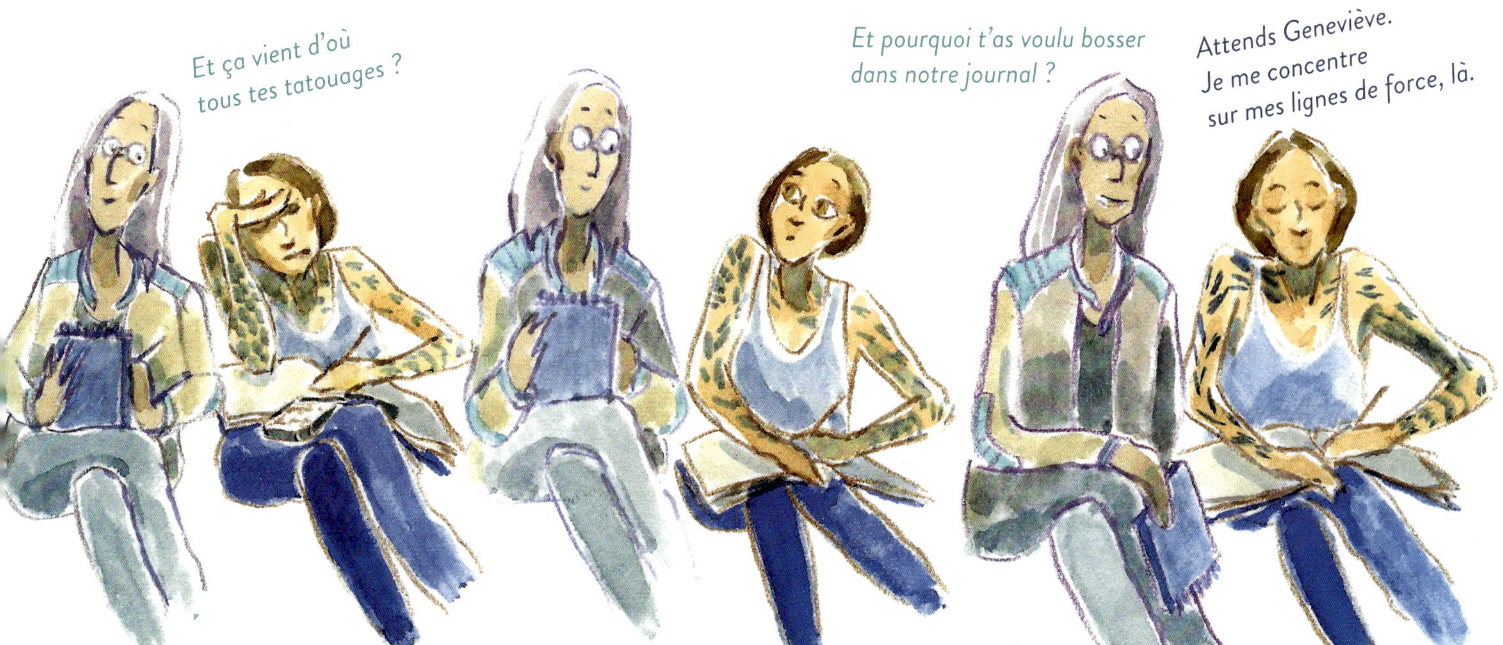

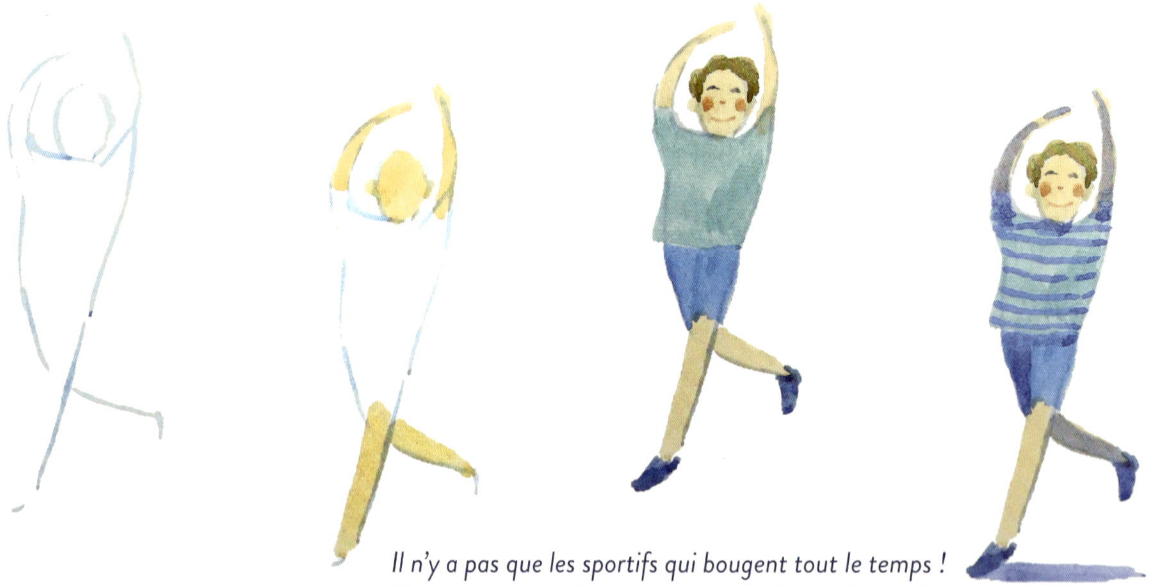

Il n'y a pas que les sportifs qui bougent tout le temps !
Des supporters qui ont gagné aussi ! Bon, même méthode
que pour les footballeurs !

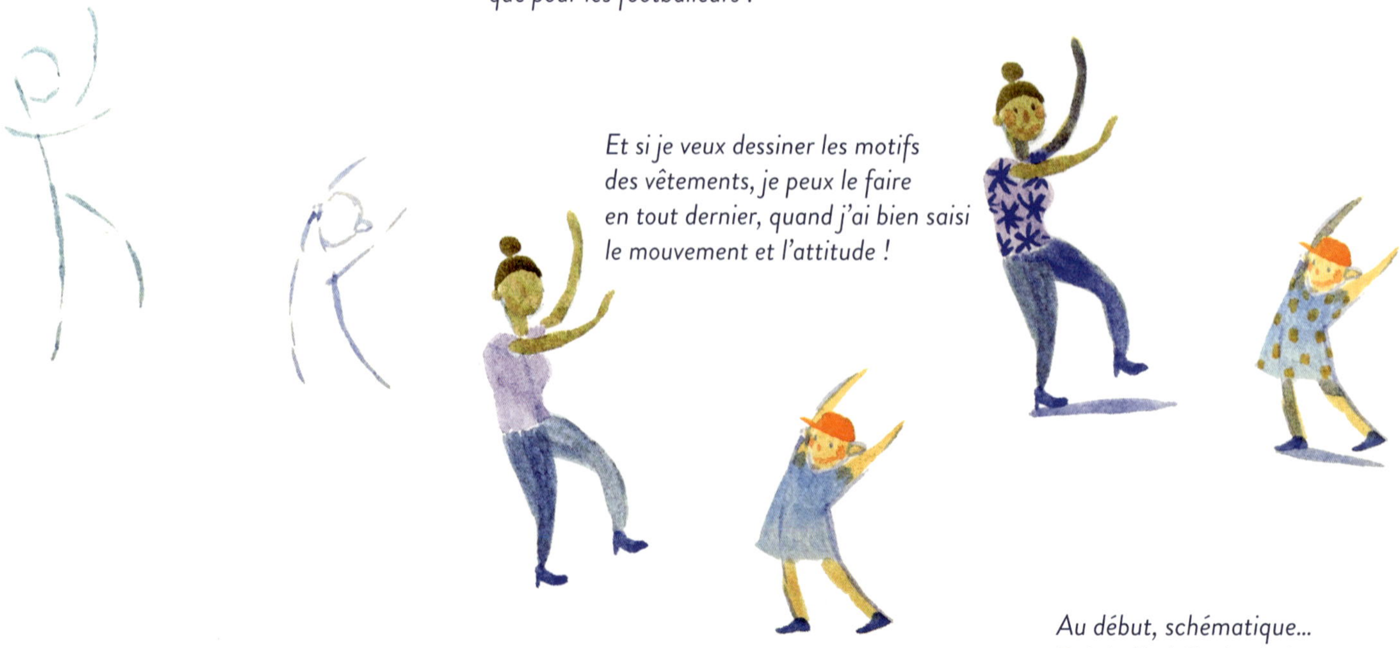

Et si je veux dessiner les motifs
des vêtements, je peux le faire
en tout dernier, quand j'ai bien saisi
le mouvement et l'attitude !

Voilà, il faut exagérer
les lignes du mouvement...

Comme ça, c'est dynamique !

Aaaah, ça va trop vite !

Au début, schématique...
Puis je l'habille de chair
et de tissu...

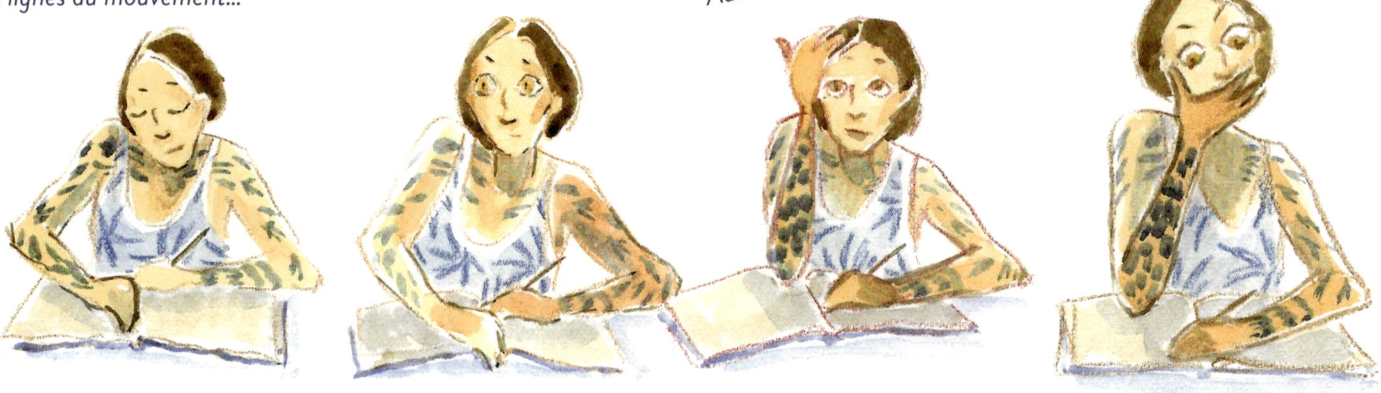

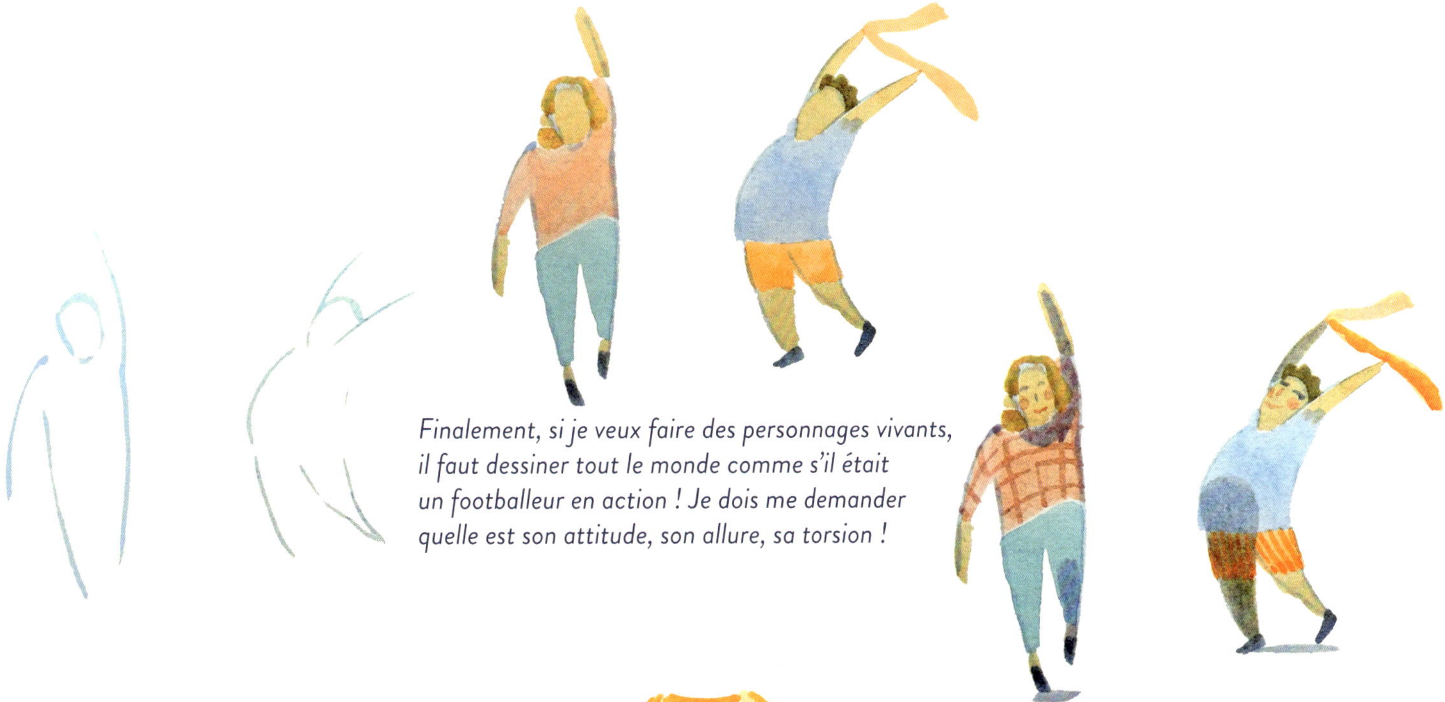

Finalement, si je veux faire des personnages vivants, il faut dessiner tout le monde comme s'il était un footballeur en action ! Je dois me demander quelle est son attitude, son allure, sa torsion !

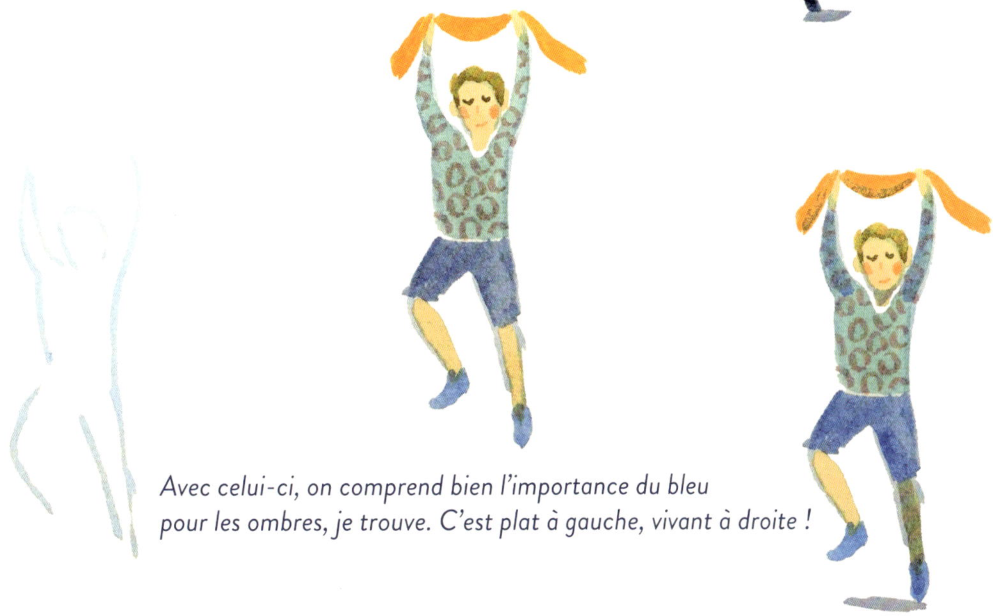

Avec celui-ci, on comprend bien l'importance du bleu pour les ombres, je trouve. C'est plat à gauche, vivant à droite !

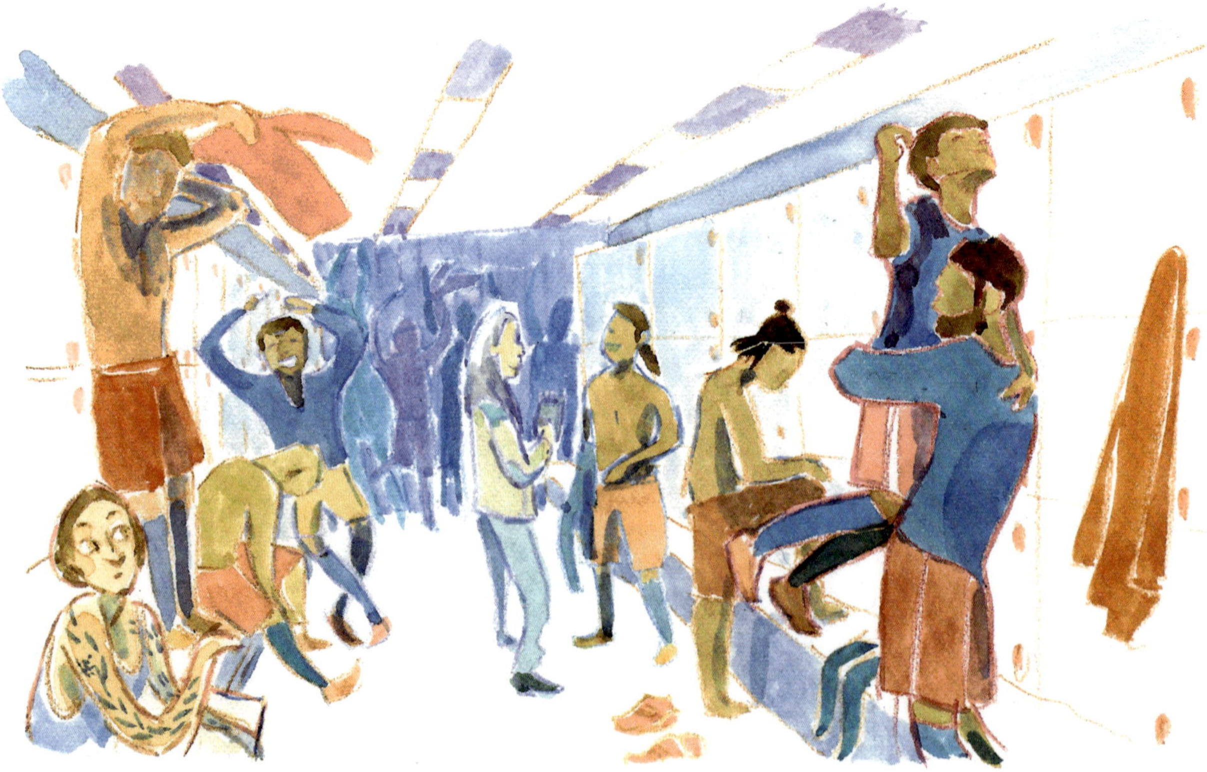

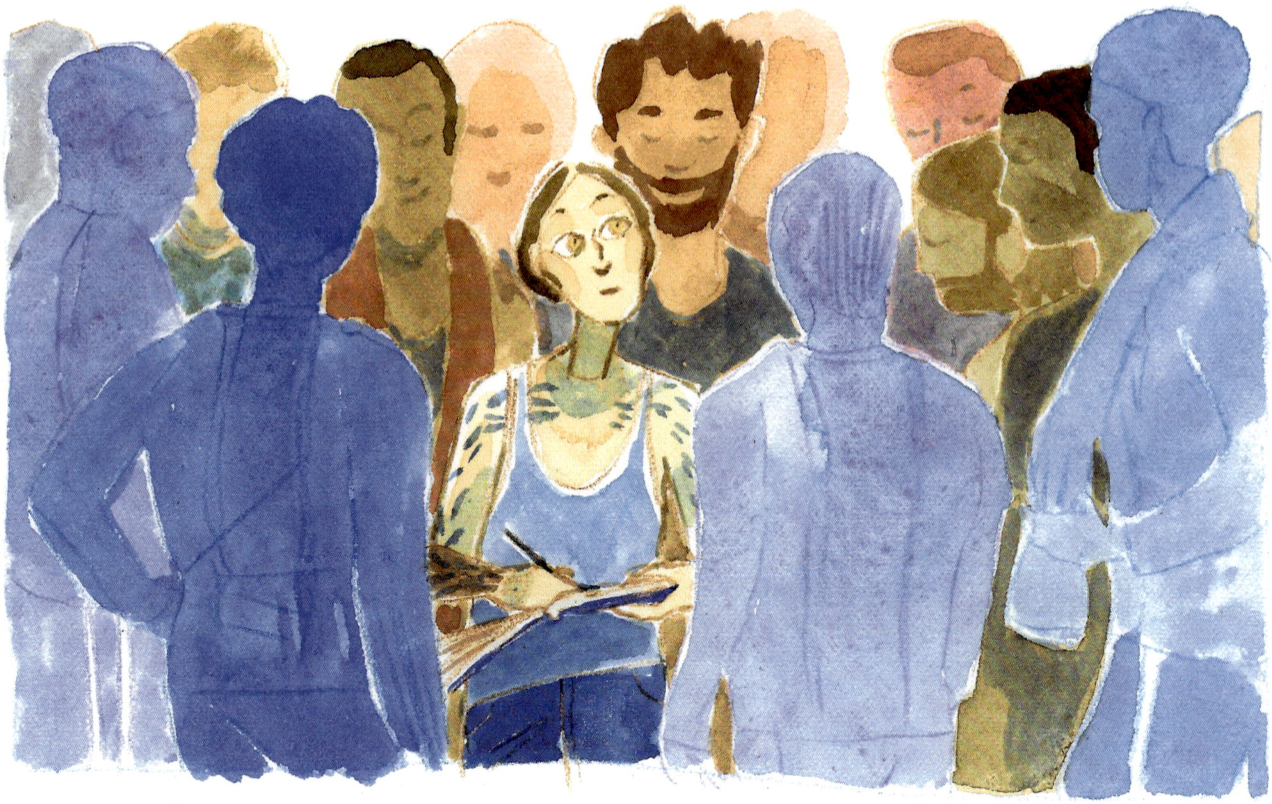

Bon. D'abord la forme du visage...
Carré, ovale, un front droit,
un menton en pointe ?

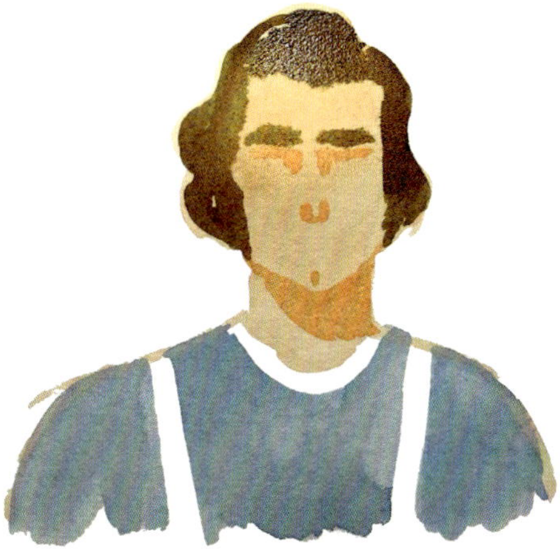

Ensuite la couleur, mais rapidement,
en grande masse... Les cheveux,
l'ombre du cou, du nez et des yeux...

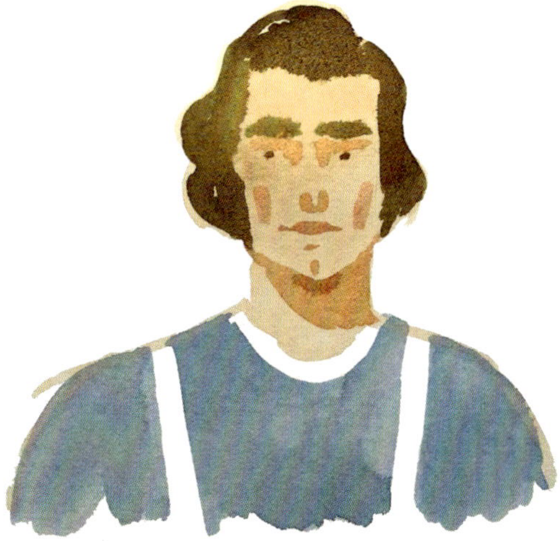

... d'abord les formes
générales, puis les détails !
Sinon, je m'y perds...
En fait, un visage c'est
comme la foule d'un stade !
On le dessine du général
au particulier !

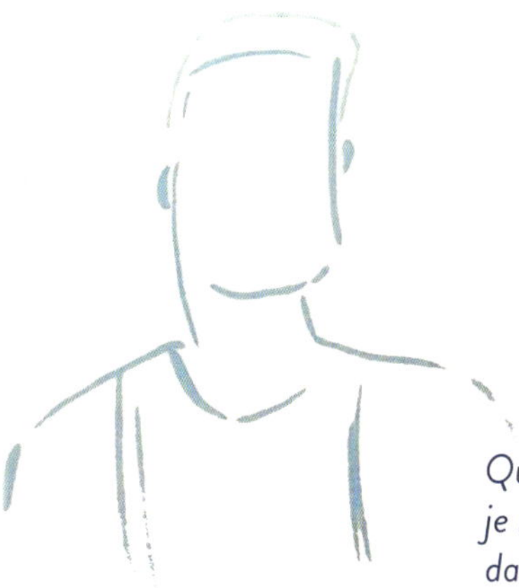
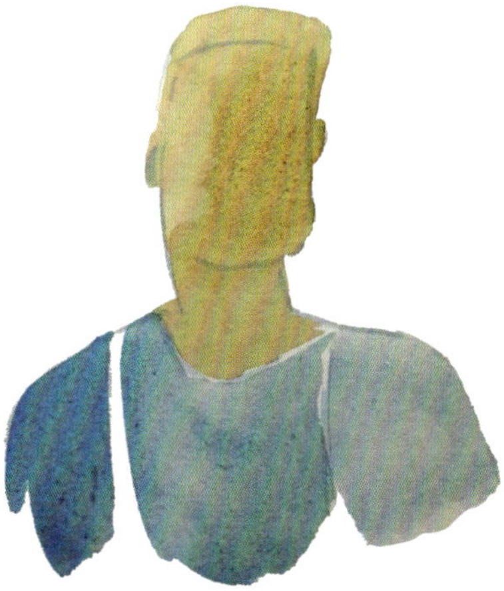
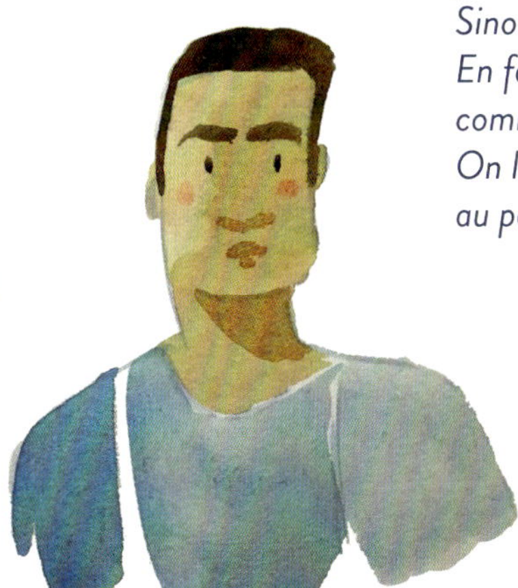

Quand j'ai fait la forme générale,
je me demande où sont placés
dans le visage les yeux, le nez, la bouche...
Jamais au même endroit, c'est ça qui fait le visage !

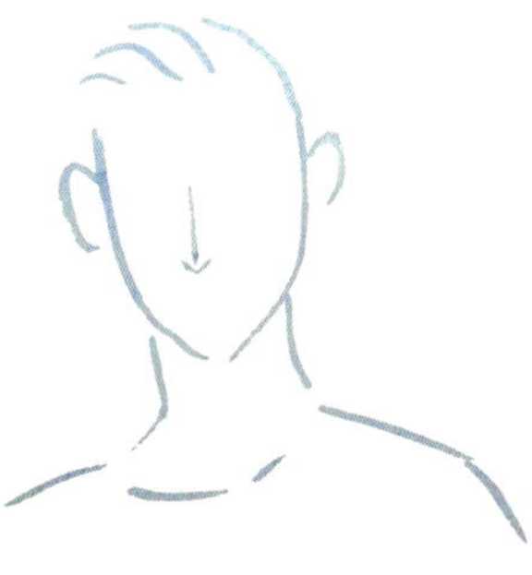
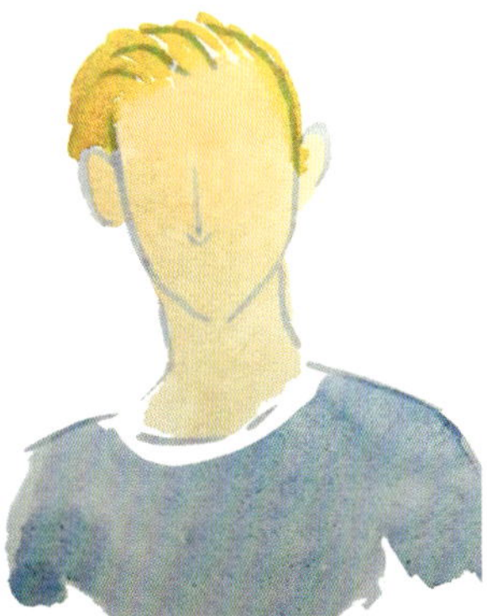
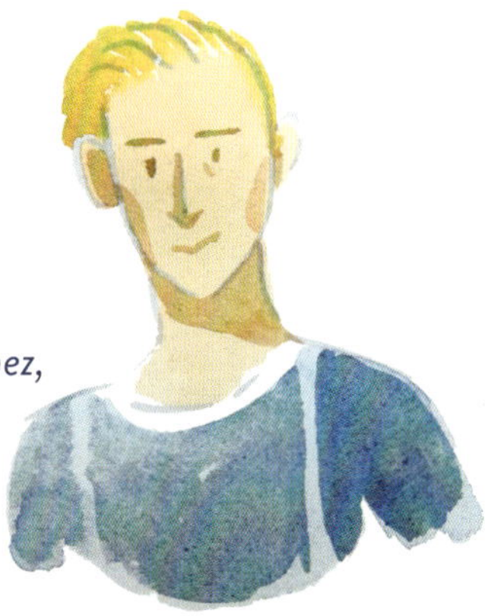
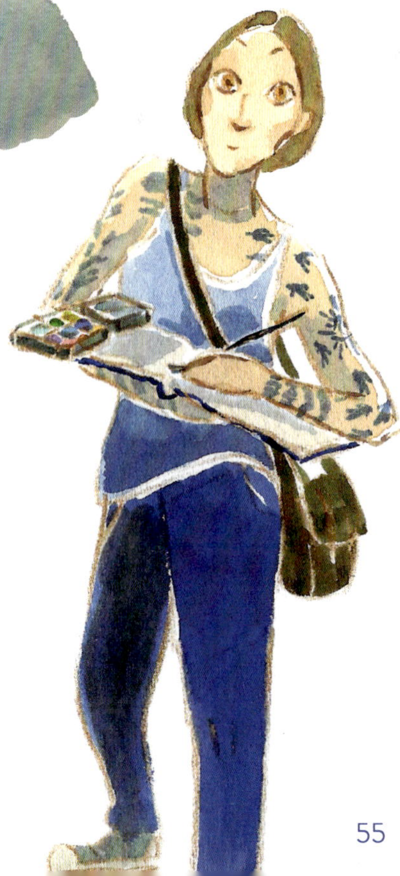

Il faut bien observer la forme du nez,
de la bouche et des sourcils...
Ils sont tous différents et je peux
les schématiser en fait !

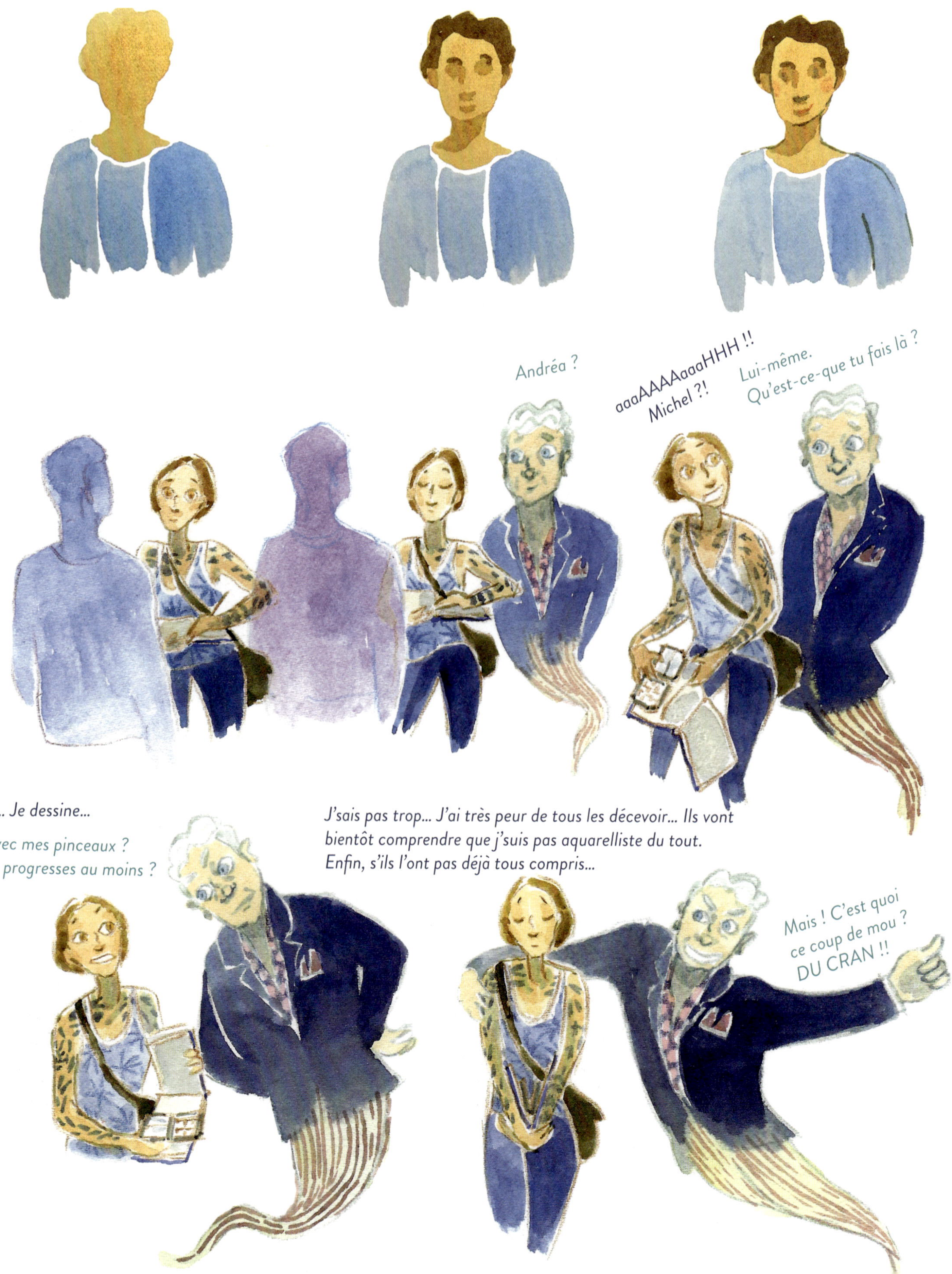
Andréa ?
aaaAAAAaaaHHH !!
Michel ?!
Lui-même.
Qu'est-ce-que tu fais là ?
Ben... Je dessine...
Avec mes pinceaux ?
Tu progresses au moins ?
J'sais pas trop... J'ai très peur de tous les décevoir... Ils vont bientôt comprendre que j'suis pas aquarelliste du tout.
Enfin, s'ils l'ont pas déjà tous compris...
Mais ! C'est quoi ce coup de mou ?
DU CRAN !!

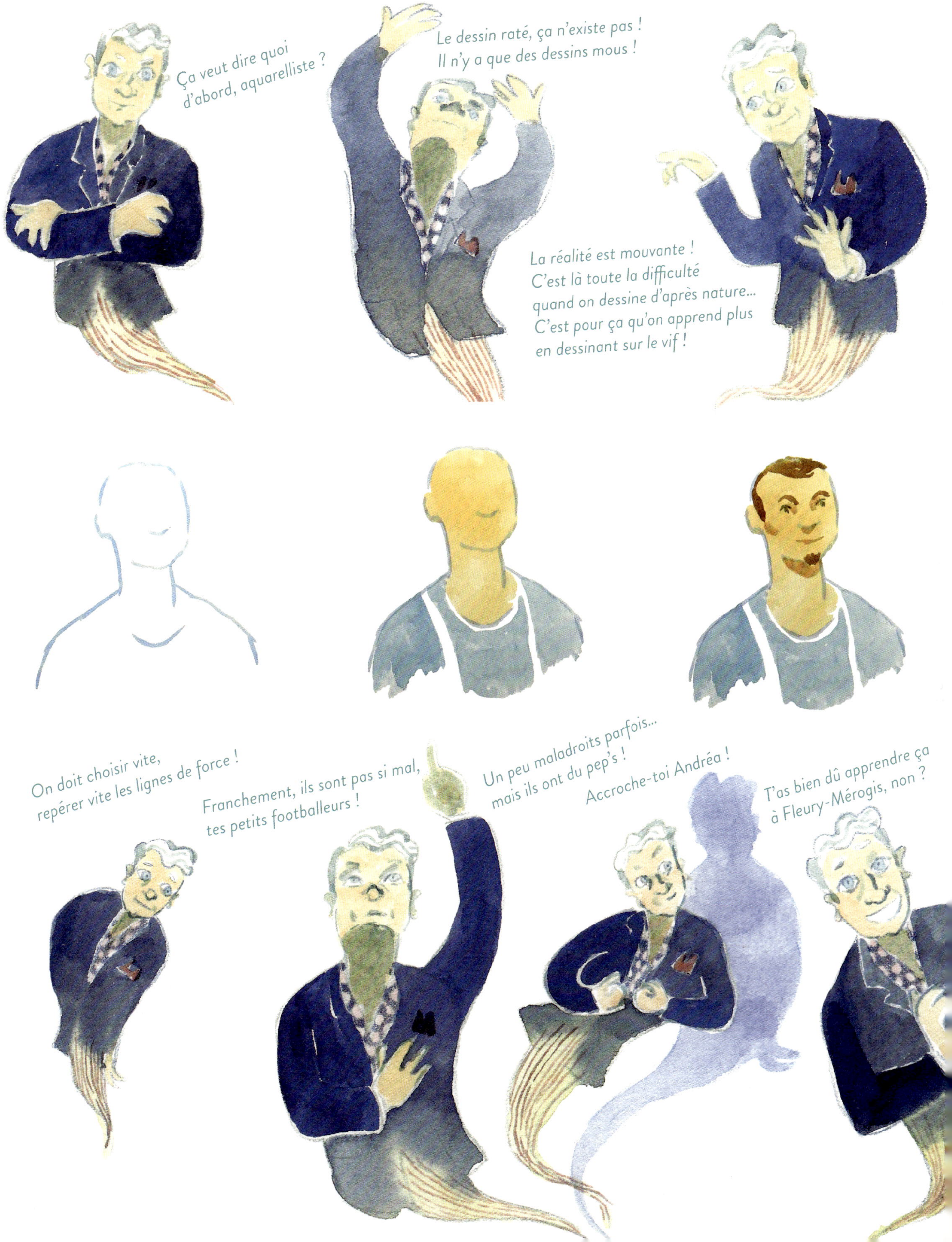

Ça veut dire quoi d'abord, aquarelliste ?
Le dessin raté, ça n'existe pas ! Il n'y a que des dessins mous !
La réalité est mouvante ! C'est là toute la difficulté quand on dessine d'après nature... C'est pour ça qu'on apprend plus en dessinant sur le vif !
On doit choisir vite, repérer vite les lignes de force !
Franchement, ils sont pas si mal, tes petits footballeurs !
Un peu maladroits parfois... mais ils ont du pep's !
Accroche-toi Andréa !
T'as bien dû apprendre ça à Fleury-Mérogis, non ?

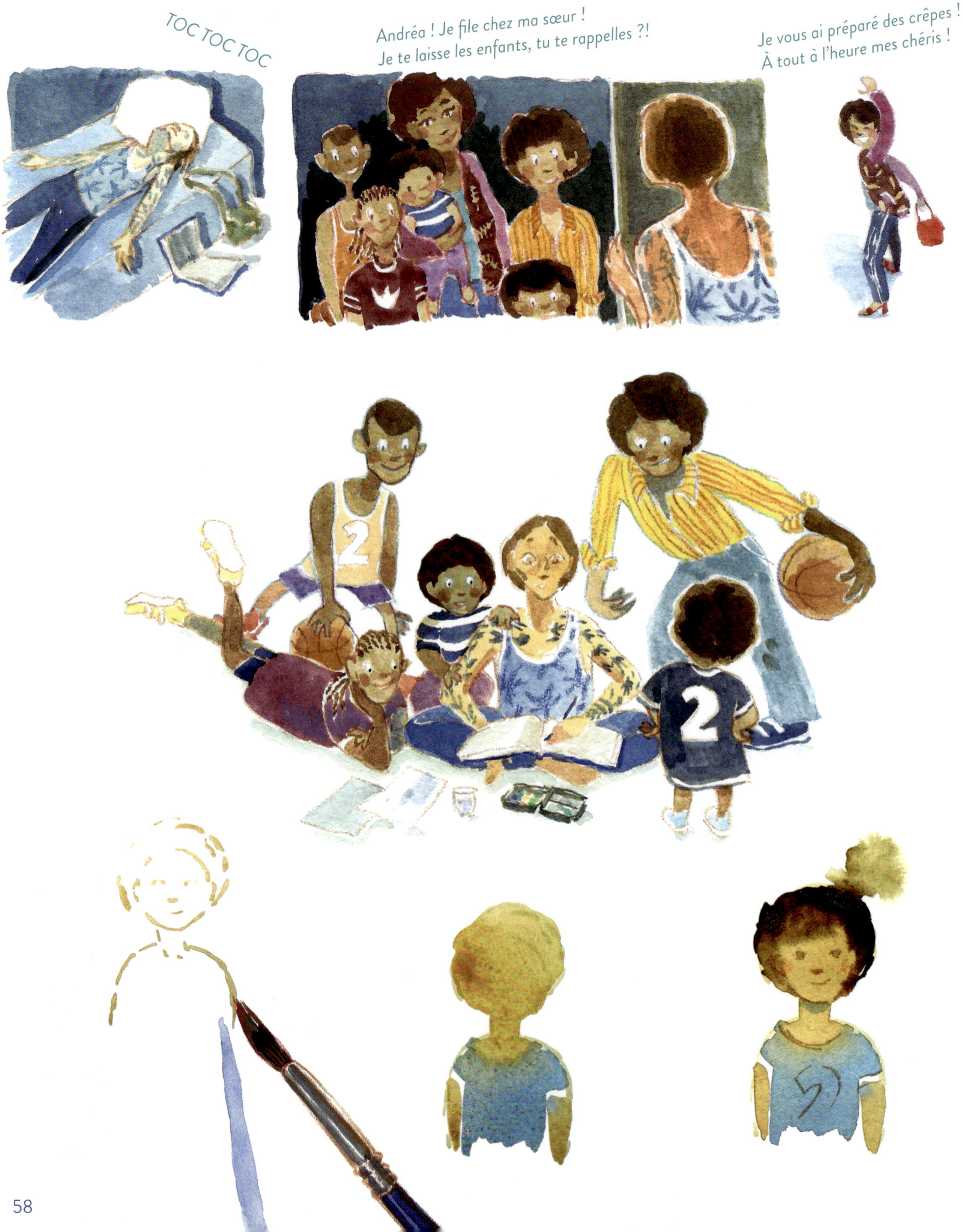
TOC TOC TOC
Andréa ! Je file chez ma sœur !
Je te laisse les enfants, tu te rappelles ?!
Je vous ai préparé des crêpes !
À tout à l'heure mes chéris !

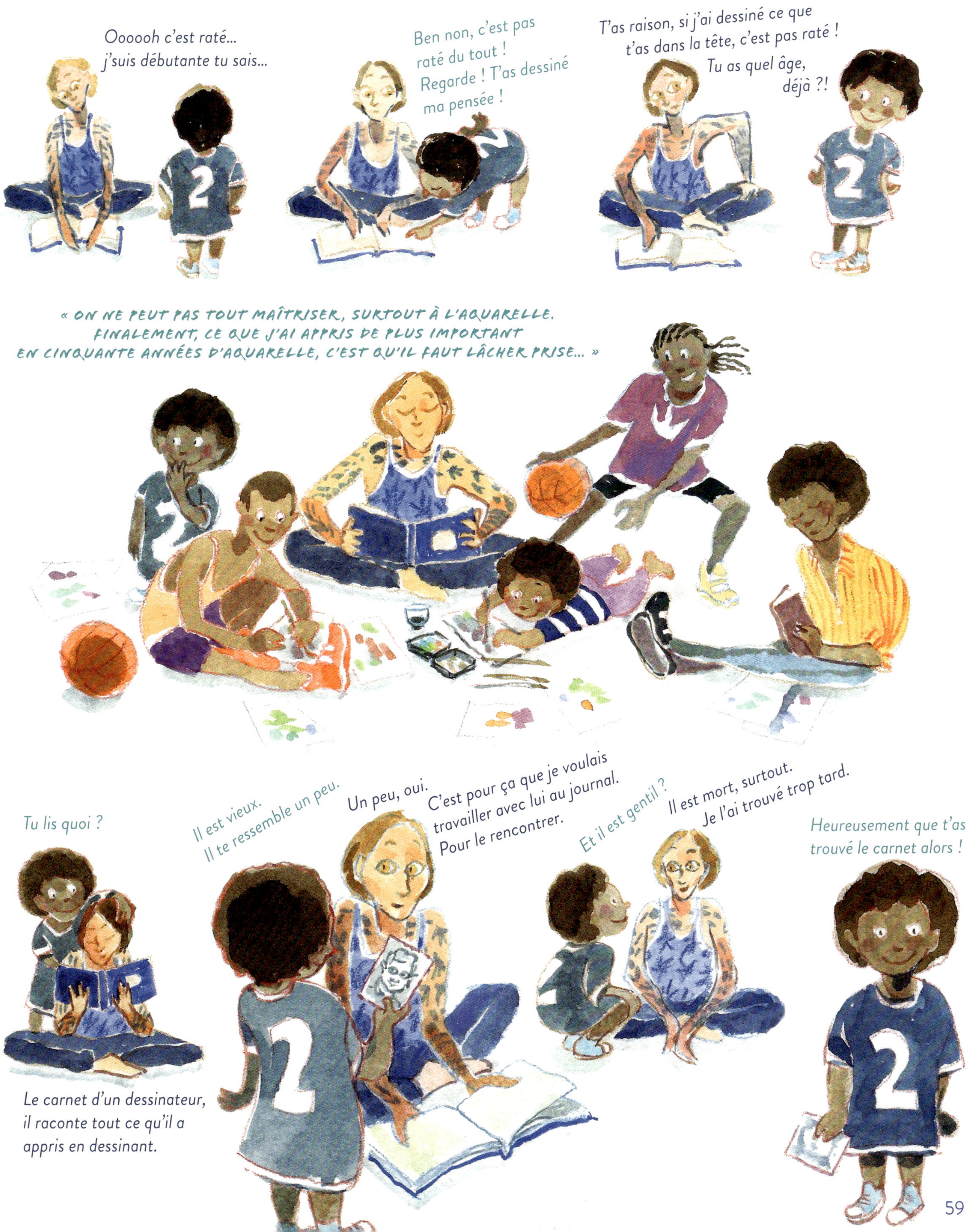
Oooooh c'est raté…
j'suis débutante tu sais…
Ben non, c'est pas raté du tout ! Regarde ! T'as dessiné ma pensée !
T'as raison, si j'ai dessiné ce que t'as dans la tête, c'est pas raté !
Tu as quel âge, déjà ?!
« ON NE PEUT PAS TOUT MAÎTRISER, SURTOUT À L'AQUARELLE. FINALEMENT, CE QUE J'AI APPRIS DE PLUS IMPORTANT EN CINQUANTE ANNÉES D'AQUARELLE, C'EST QU'IL FAUT LÂCHER PRISE… »
Tu lis quoi ?
Le carnet d'un dessinateur, il raconte tout ce qu'il a appris en dessinant.
Il est vieux. Il te ressemble un peu.
Un peu, oui.
C'est pour ça que je voulais travailler avec lui au journal. Pour le rencontrer.
Et il est gentil ?
Il est mort, surtout. Je l'ai trouvé trop tard.
Heureusement que t'as trouvé le carnet alors !

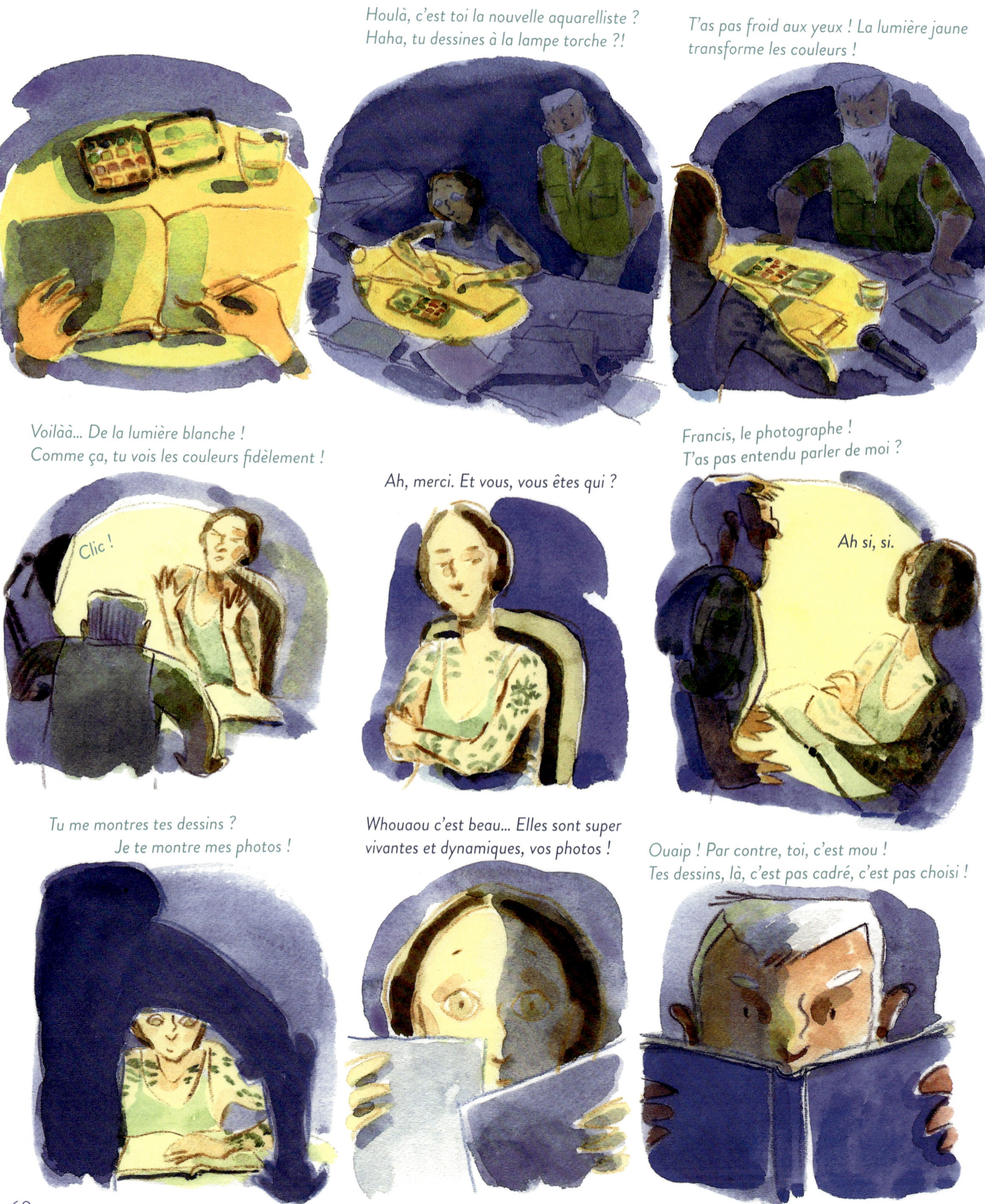
Houlà, c'est toi la nouvelle aquarelliste ?
Haha, tu dessines à la lampe torche ?!
T'as pas froid aux yeux ! La lumière jaune transforme les couleurs !
Voilàà... De la lumière blanche !
Comme ça, tu vois les couleurs fidèlement !
Clic !
Ah, merci. Et vous, vous êtes qui ?
Francis, le photographe !
T'as pas entendu parler de moi ?
Ah si, si.
Tu me montres tes dessins ?
Je te montre mes photos !
Whouaou c'est beau... Elles sont super vivantes et dynamiques, vos photos !
Ouaip ! Par contre, toi, c'est mou !
Tes dessins, là, c'est pas cadré, c'est pas choisi !

Tu dois choisir tes plans !

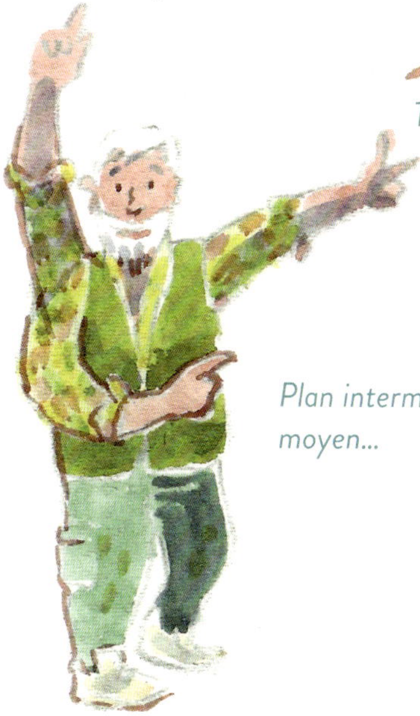

Troisième plan, léger…

Plan intermédiaire,
moyen…

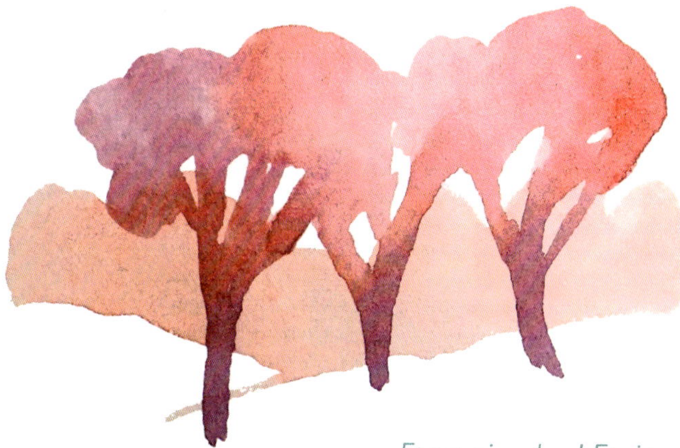

Et premier plan ! Et si tu amorces
le dessin avec un premier plan
très près de nous, on « rentre »
dans l'image !

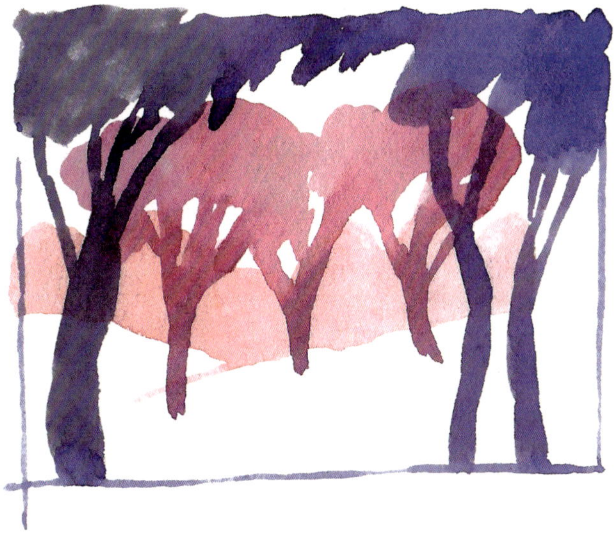

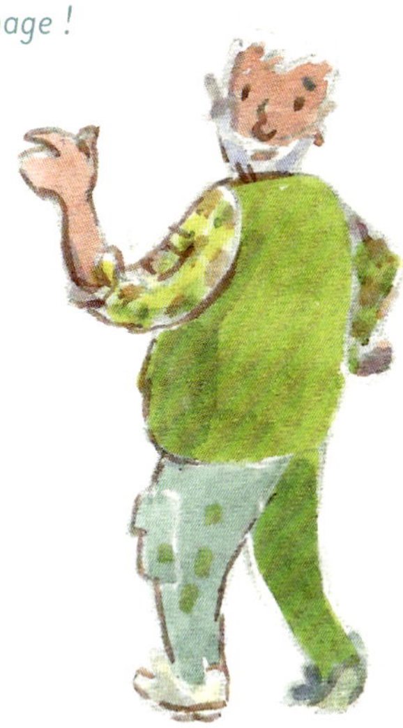

On cadre comme au cinéma !

Si quelque chose te saoule dans le plan, tu le vires !
Si ça manque d'un élément, tu l'ajoutes !
Tu as toutes les libertés, toi,
contrairement à un photographe !

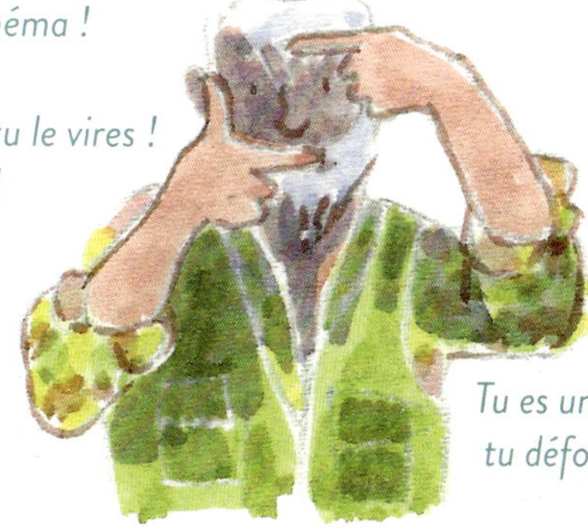

Tu es une faussaire : tu synthétises,
tu déformes, tu distords… Bref, tu choisis !

D'accord, d'accord…
Et comment je fais
les premiers plans
très près ?

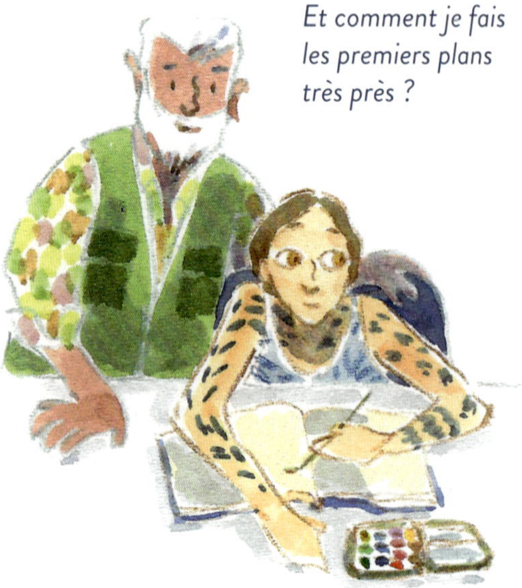

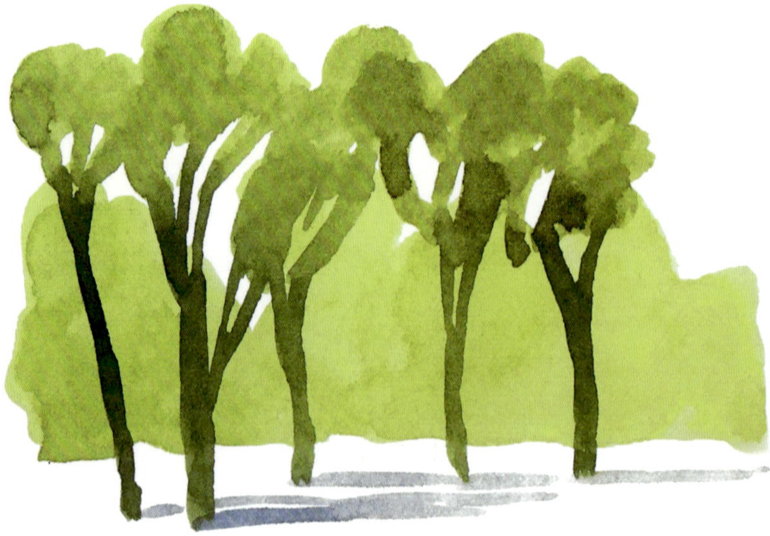

Je vois deux solutions très pratiques :
la première, le premier plan est plus foncé,
plus précis, plus contrasté…
Ou juste une couche uniforme plus foncée,
comme ici !

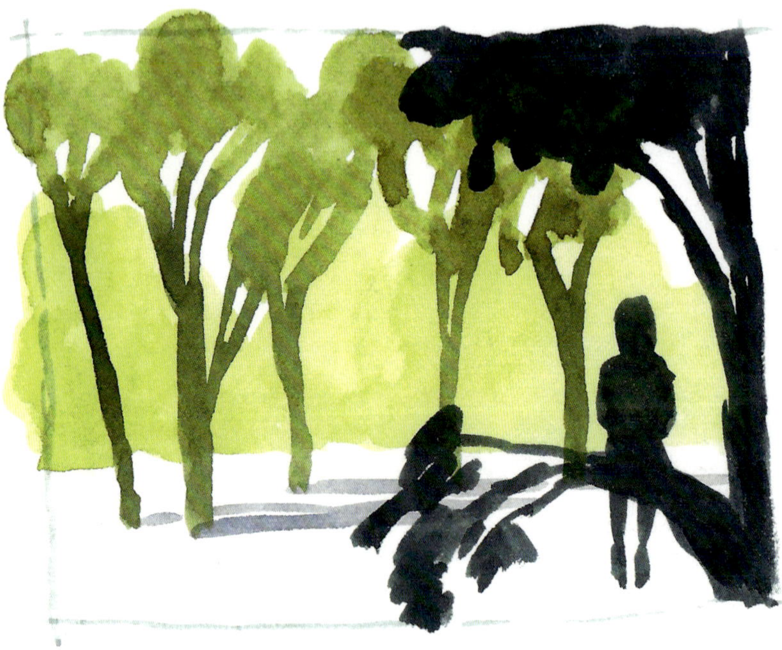

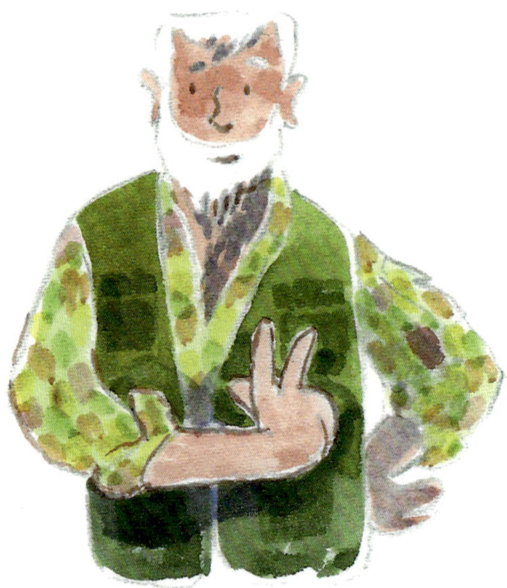

Ou sinon, deuxième solution, le premier plan est plus clair ! Dessiné juste au trait par exemple, regarde...

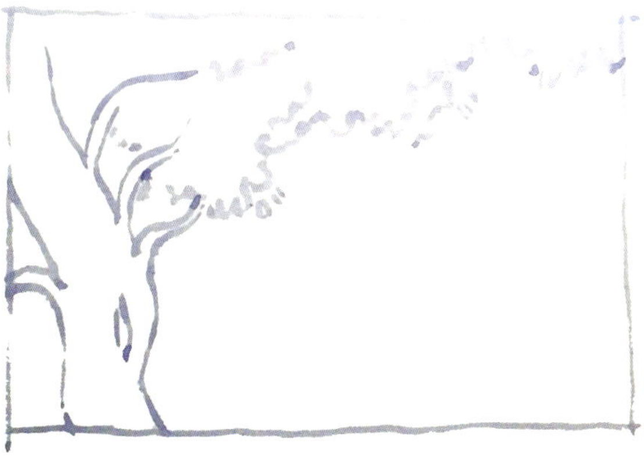

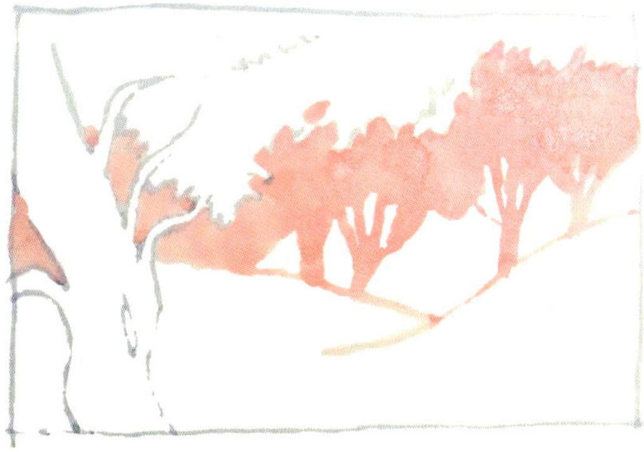

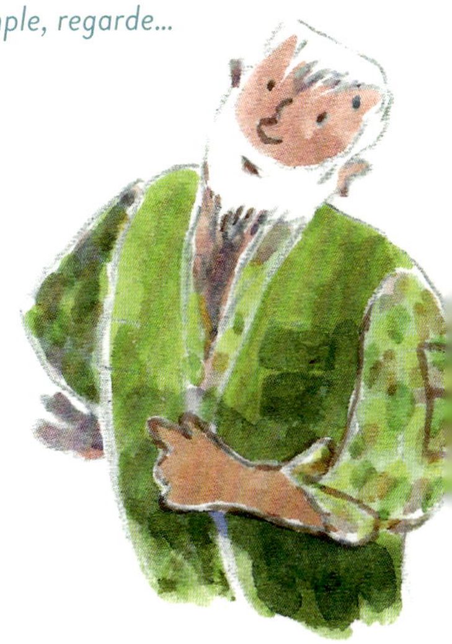

Mais alors, ça se prévoit à l'avance... On choisit avant de commencer à dessiner tête baissée !

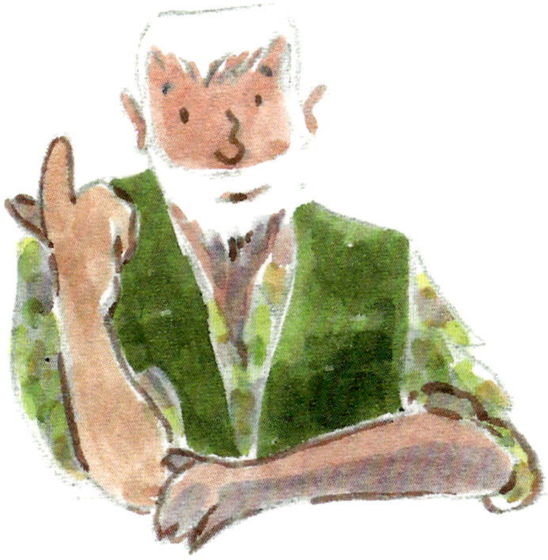

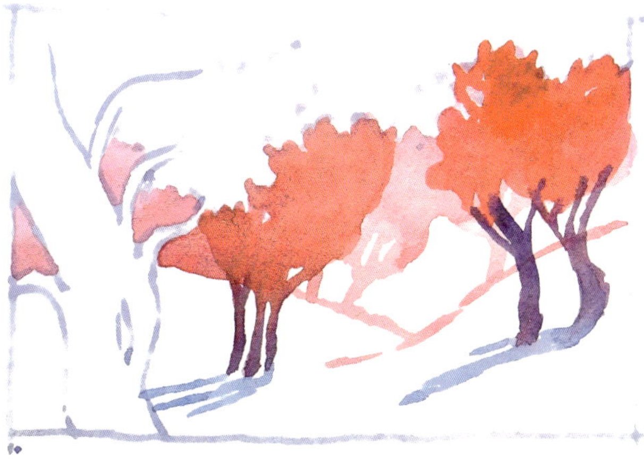

Et tu peux rehausser un peu le premier plan avec un trait plus foncé... Plus le contraste du premier plan est fort, plus il viendra au premier plan !

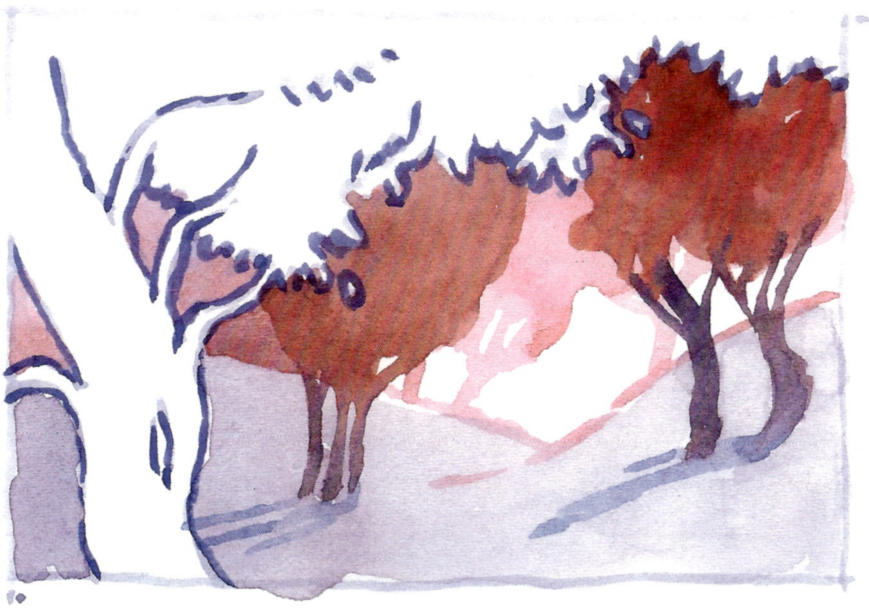

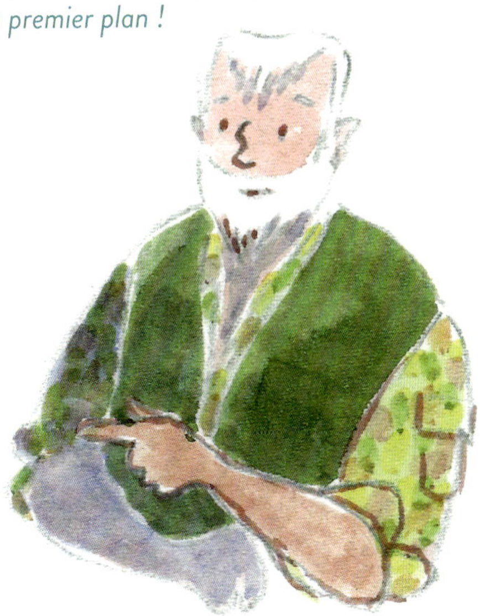

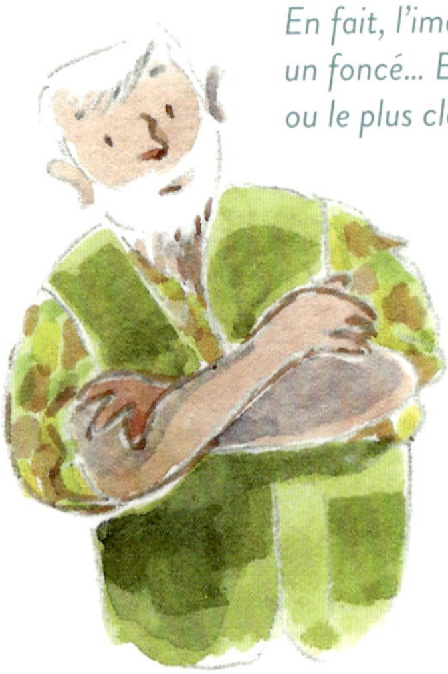

En fait, l'image fonctionne quand il y a trois niveaux : un clair, un moyen, un foncé... Et c'est toi qui choisis si le premier plan va être le plus foncé ou le plus clair.

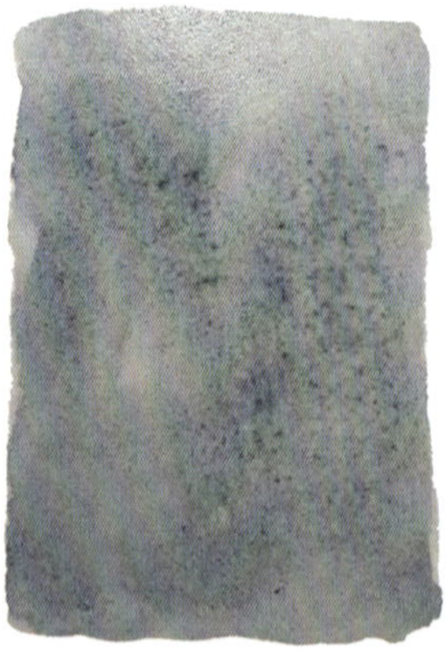

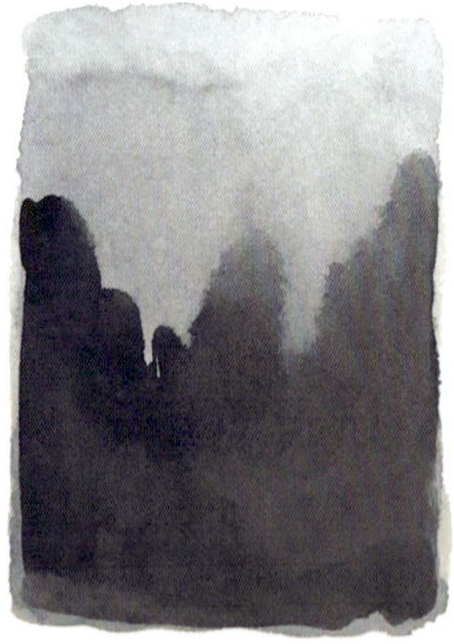

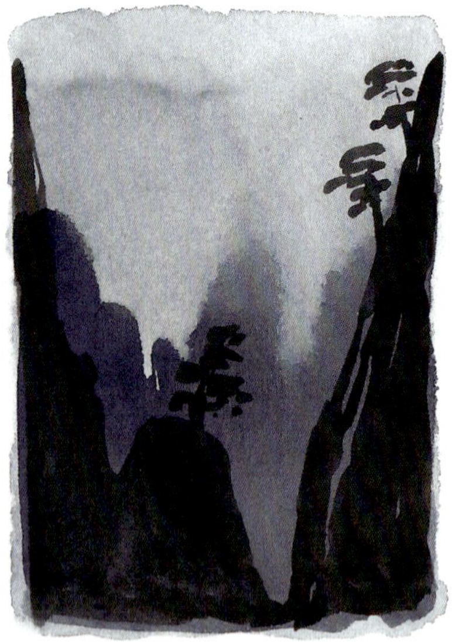

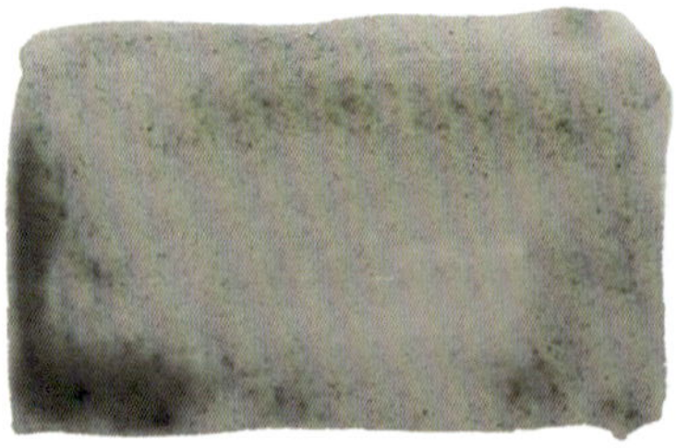

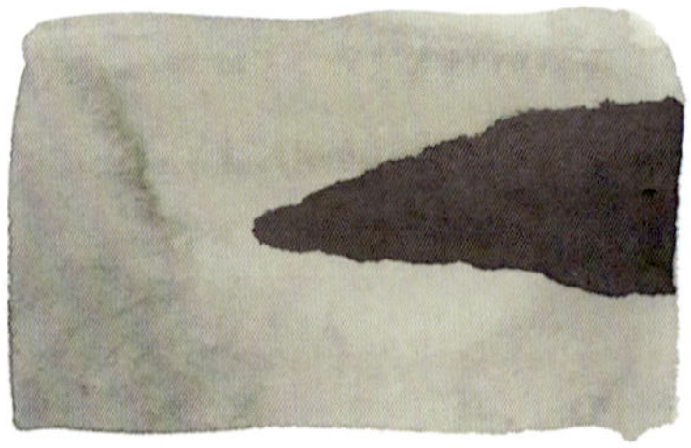

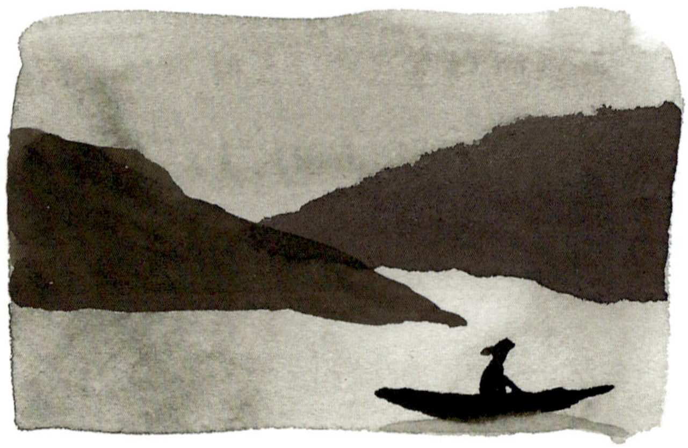

Là tu n'attends pas que ça sèche pour tracer le plan moyen : c'est flou, ça « part » derrière.

Tracé sur du sec, le premier plan est plus précis, et vient devant.

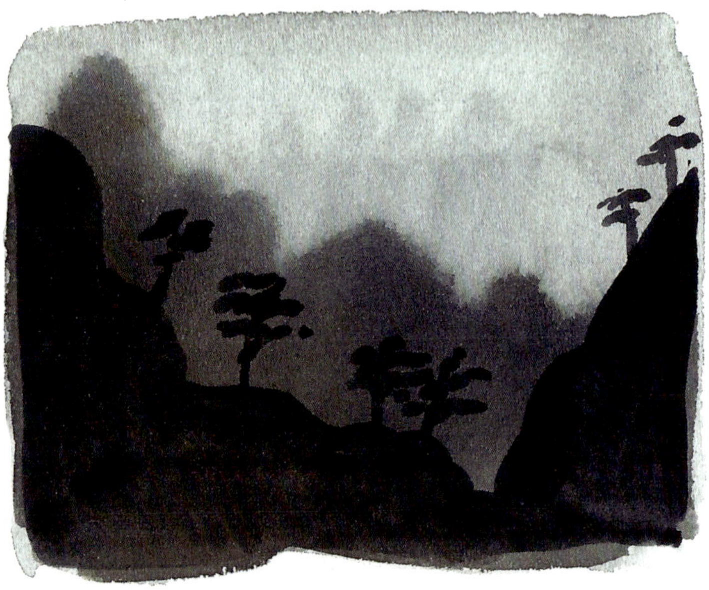

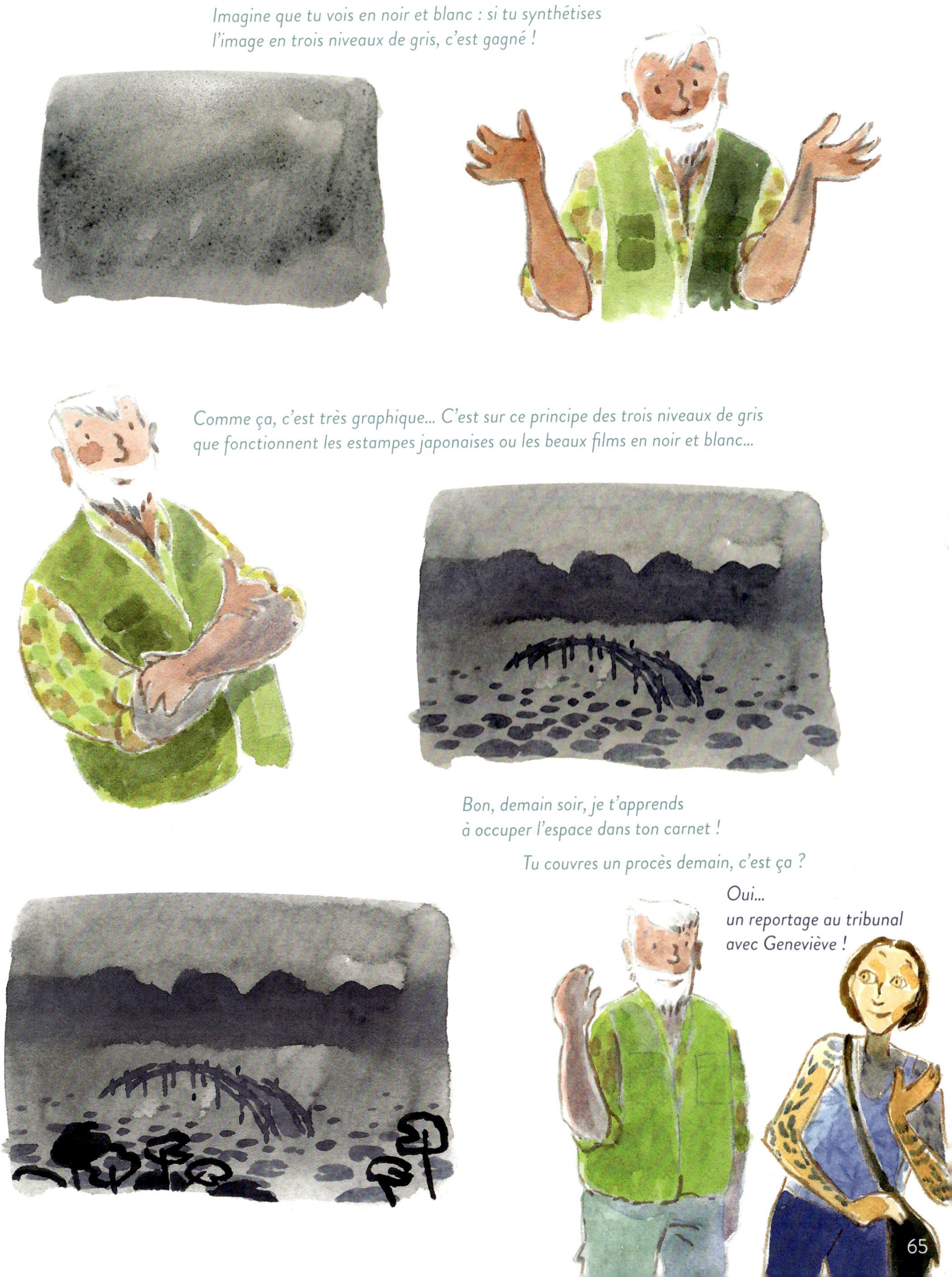

Imagine que tu vois en noir et blanc : si tu synthétises l'image en trois niveaux de gris, c'est gagné !
Comme ça, c'est très graphique... C'est sur ce principe des trois niveaux de gris que fonctionnent les estampes japonaises ou les beaux films en noir et blanc...
Bon, demain soir, je t'apprends à occuper l'espace dans ton carnet !
Tu couvres un procès demain, c'est ça ?
Oui... un reportage au tribunal avec Geneviève !

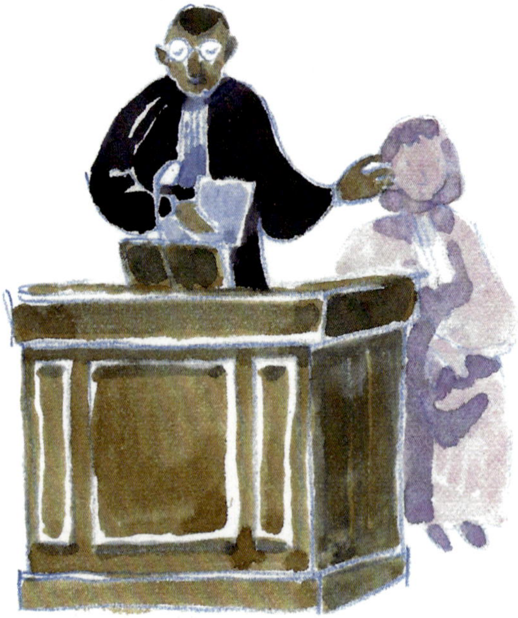

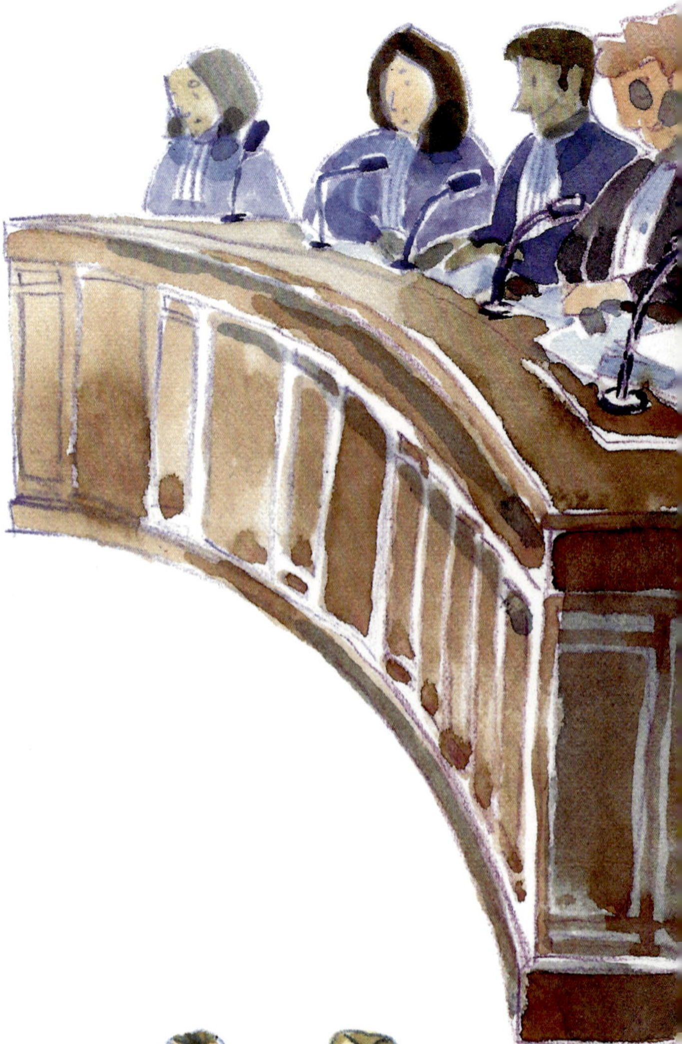

terre de
Sienne brûlée

outremer
foncé

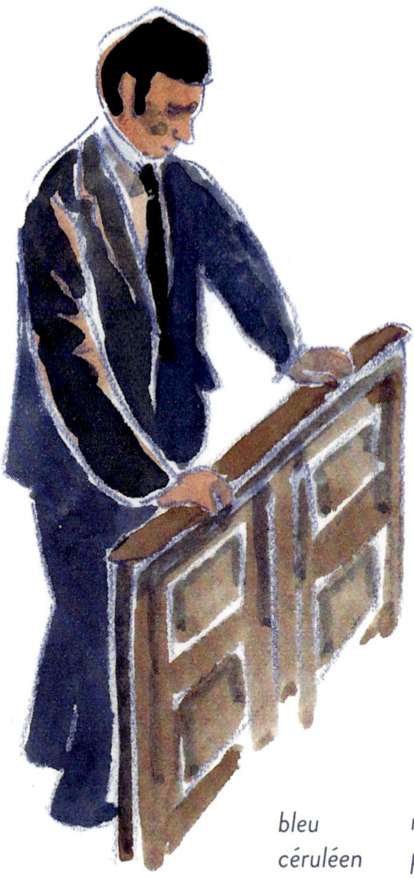

sépia

outremer

rose Madère

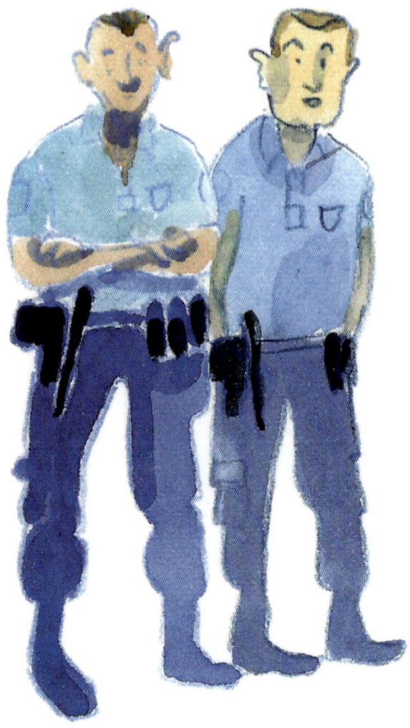

bleu
céruléen

magenta
permanent

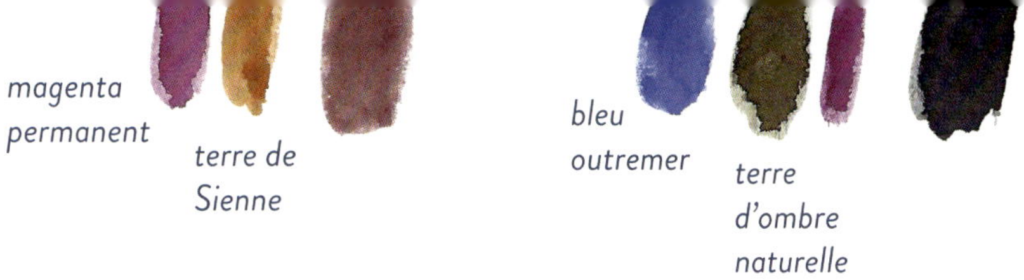
magenta permanent
terre de Sienne
bleu outremer
terre d'ombre naturelle

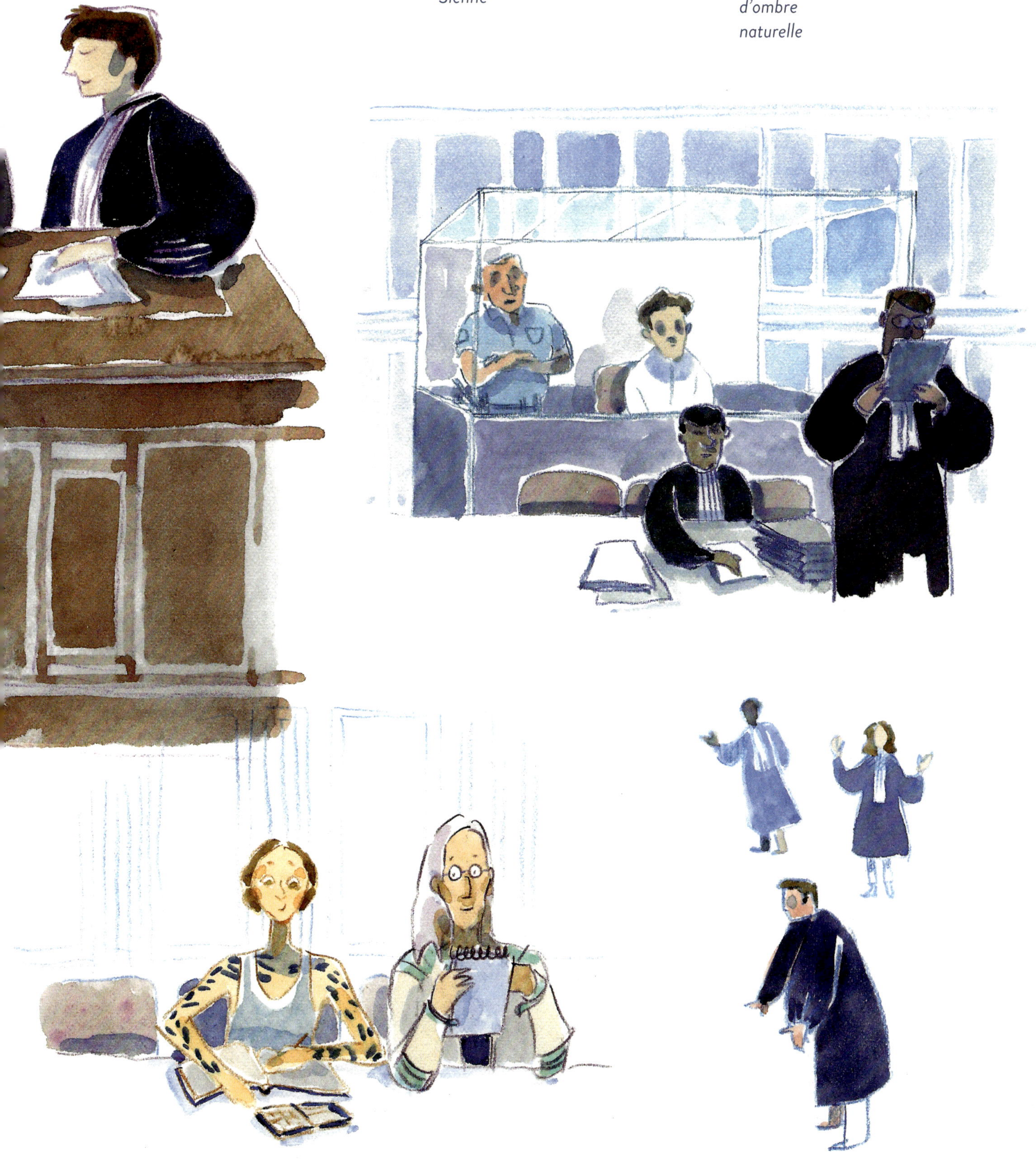

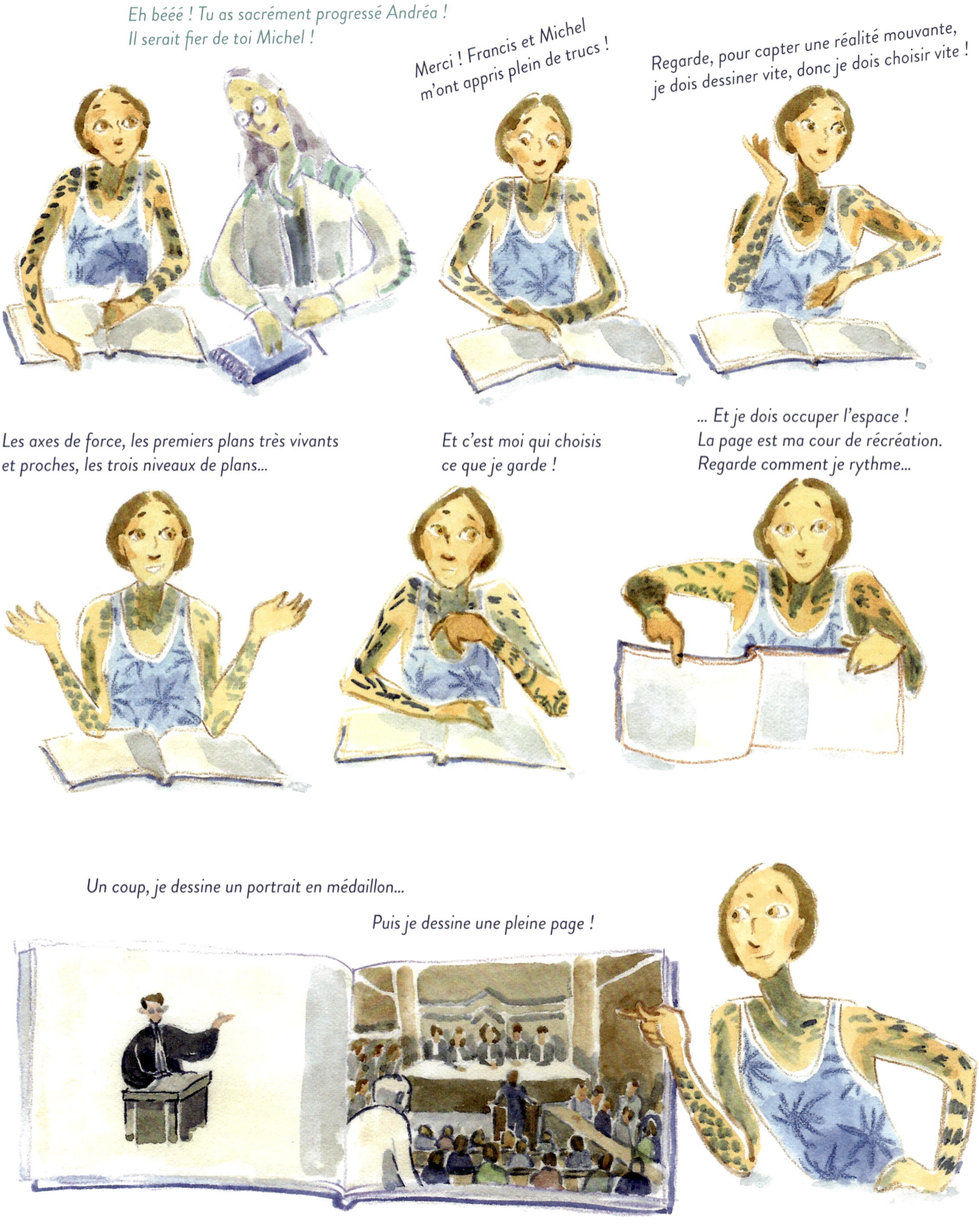
Eh bééé ! Tu as sacrément progressé Andréa !
Il serait fier de toi Michel !
Merci ! Francis et Michel m'ont appris plein de trucs !
Regarde, pour capter une réalité mouvante, je dois dessiner vite, donc je dois choisir vite !
Les axes de force, les premiers plans très vivants et proches, les trois niveaux de plans…
Et c'est moi qui choisis ce que je garde !
… Et je dois occuper l'espace !
La page est ma cour de récréation.
Regarde comment je rythme…
Un coup, je dessine un portrait en médaillon…
Puis je dessine une pleine page !

… puis une double-page très chargée, en couleurs…

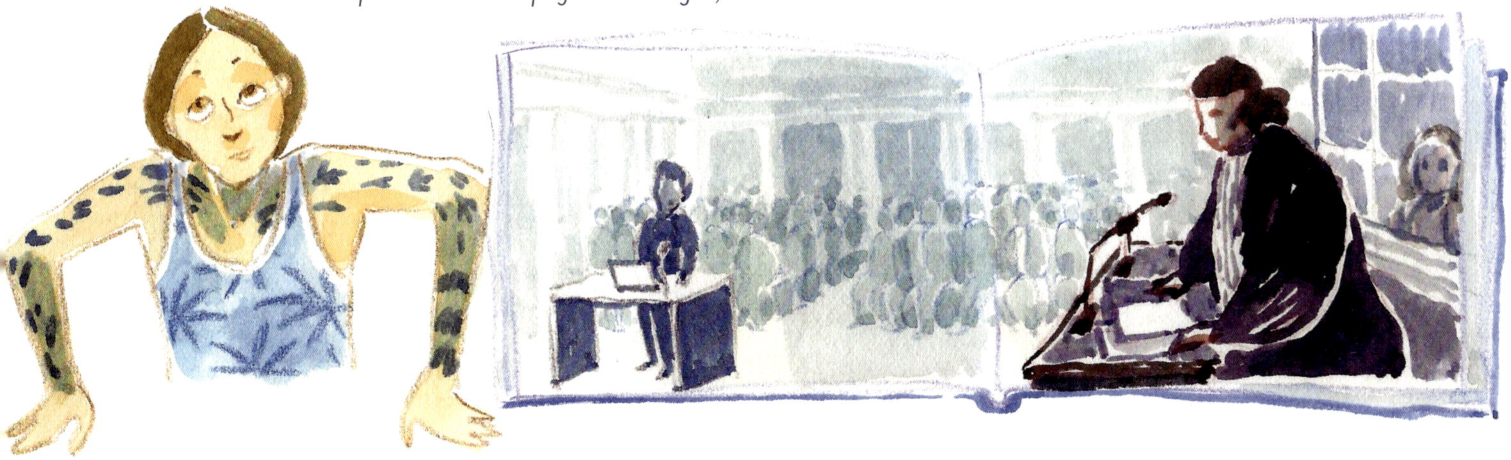

Et là PAF ! Je fais trois ou cinq petits croquis disposés dans la page !
Ils pourraient être en noir et blanc ou monochrome pour plus de surprise !

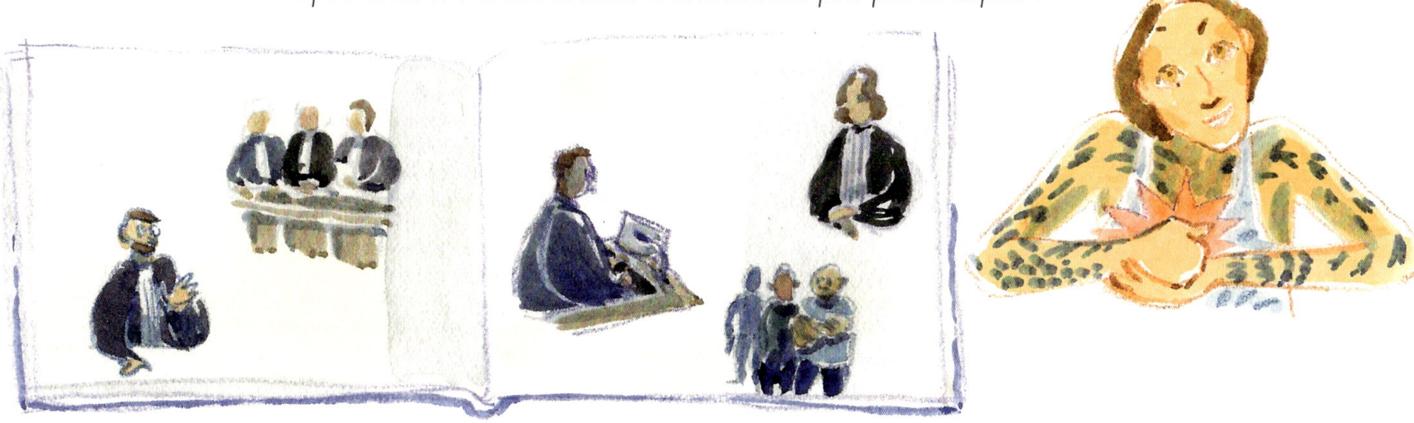

Ensuite, surprise ! Deux petits encadrés !

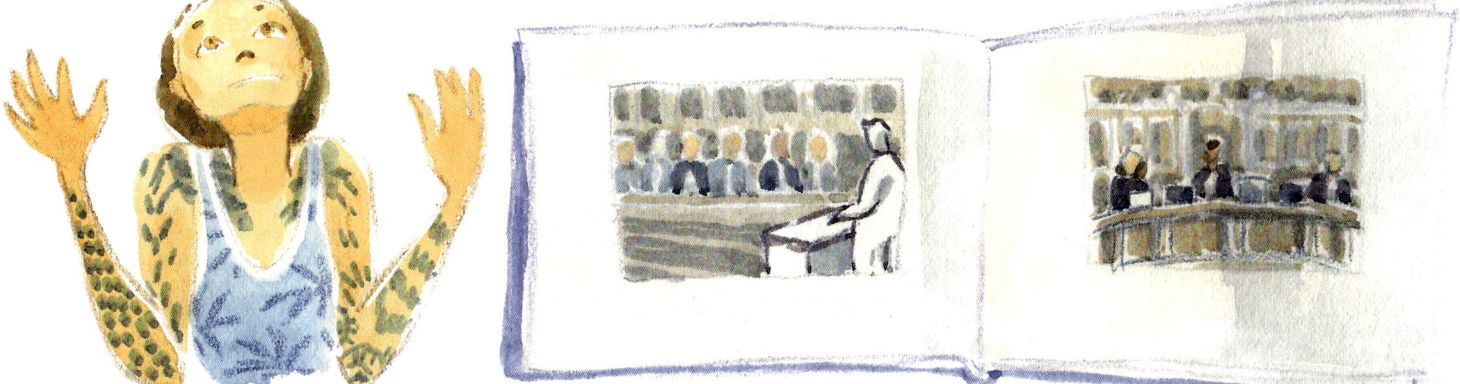

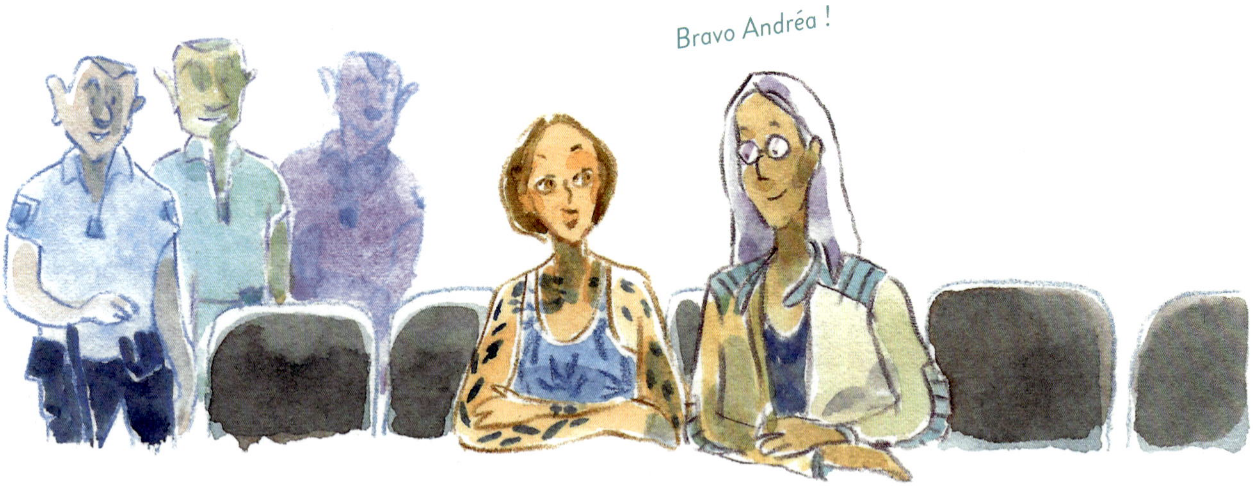
Bravo Andréa !

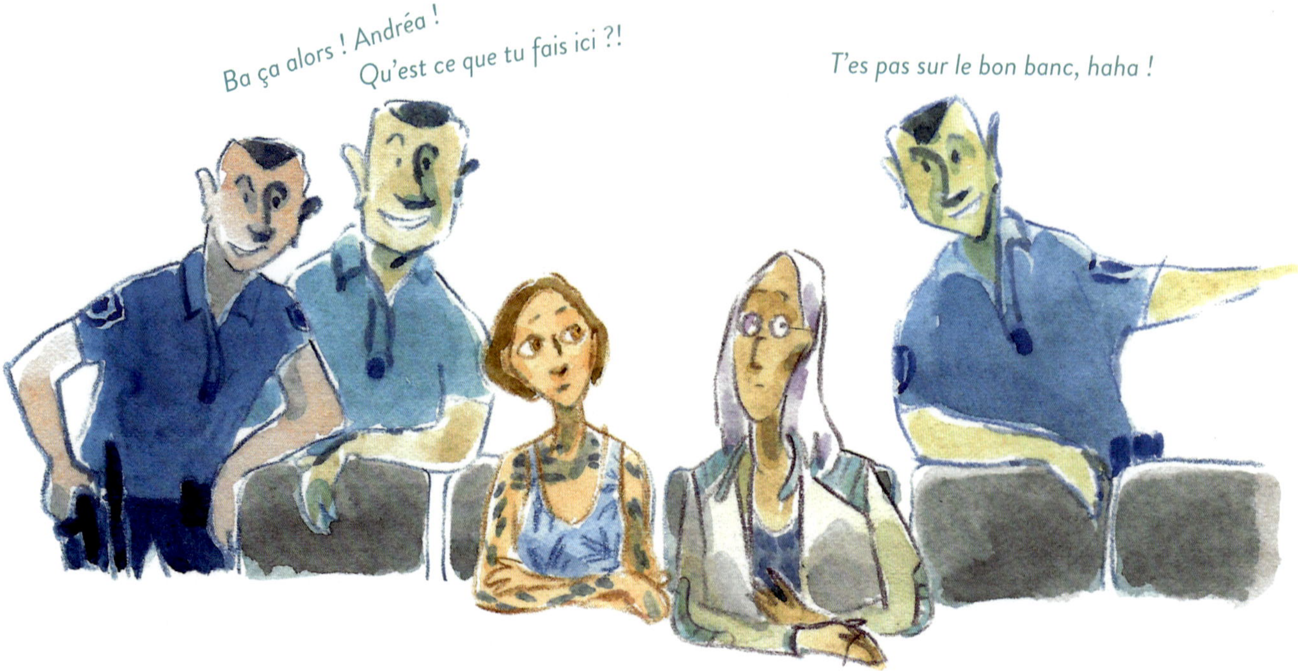
Ba ça alors ! Andréa !
Qu'est ce que tu fais ici ?!
T'es pas sur le bon banc, haha !

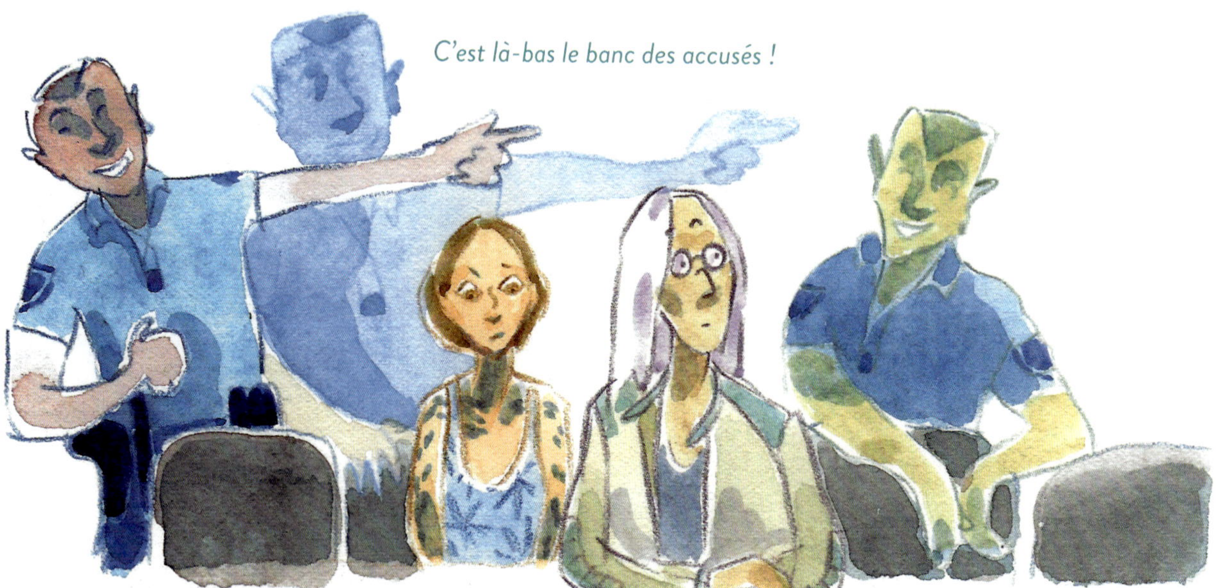
C'est là-bas le banc des accusés !

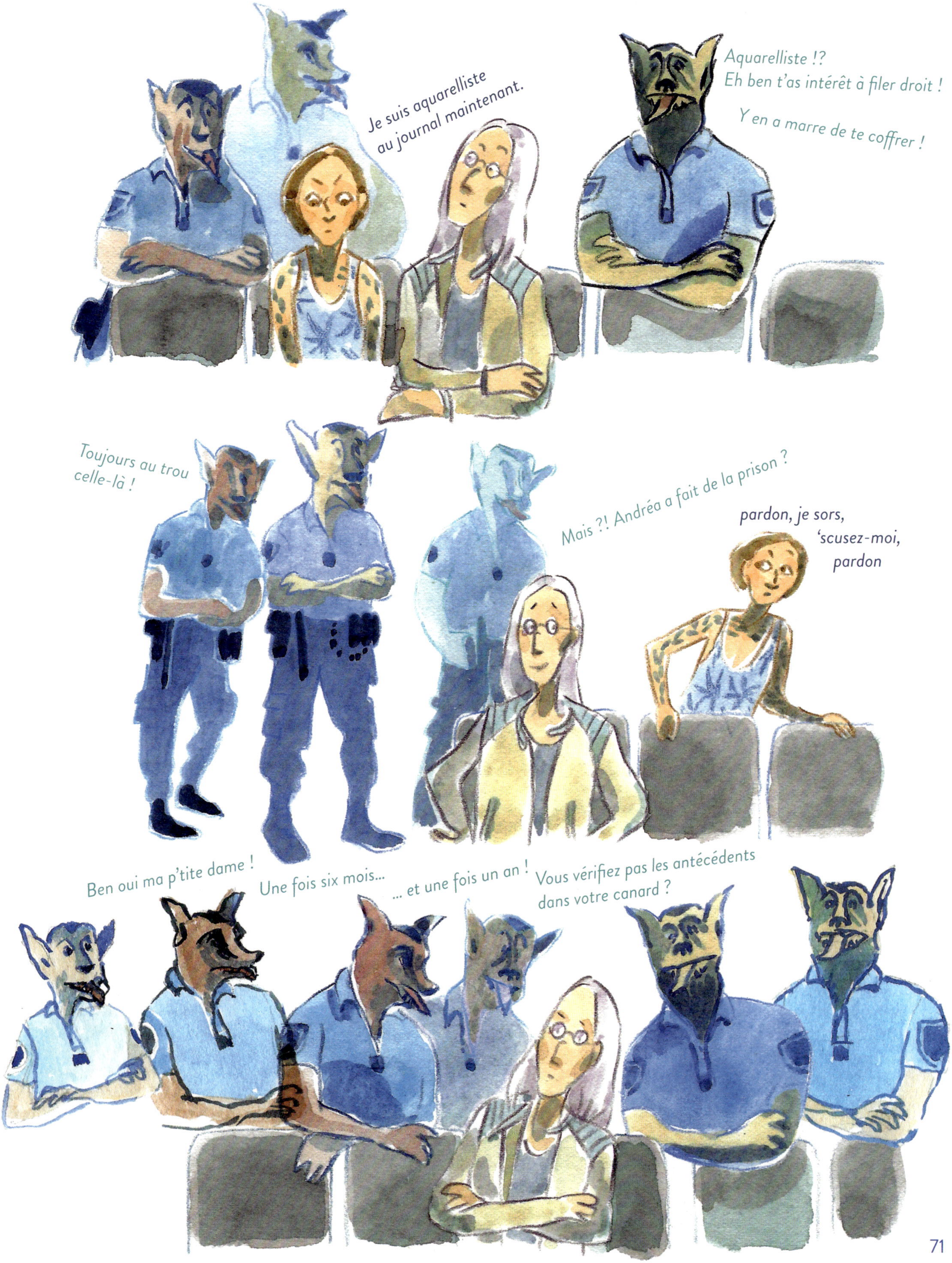
Je suis aquarelliste
au journal maintenant.
Aquarelliste !?
Eh ben t'as intérêt à filer droit !
Y en a marre de te coffrer !
Toujours au trou
celle-là !
Mais ?! Andréa a fait de la prison ?
pardon, je sors,
'scusez-moi,
pardon
Ben oui ma p'tite dame !
Une fois six mois...
... et une fois un an !
Vous vérifiez pas les antécédents
dans votre canard ?

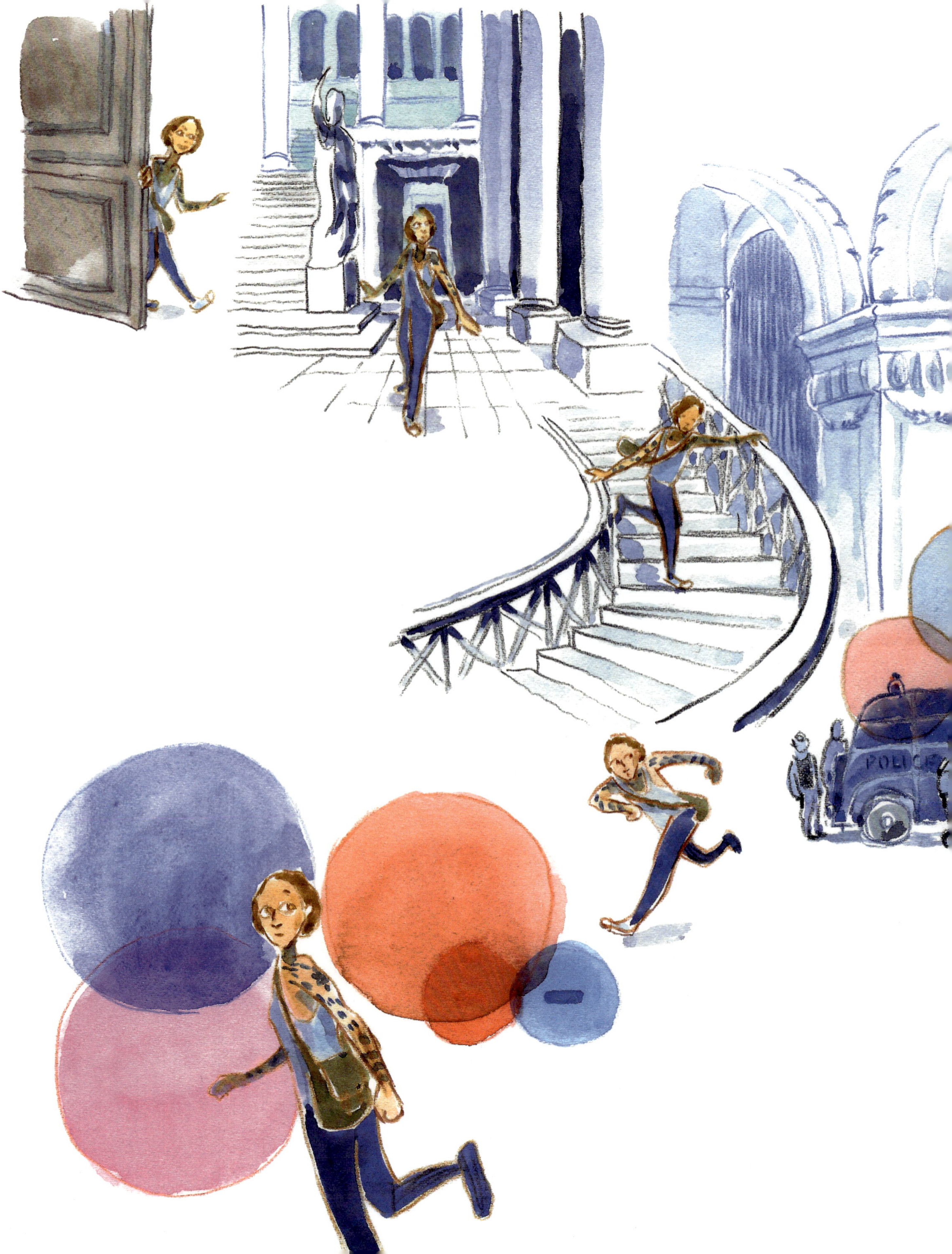
POLIC

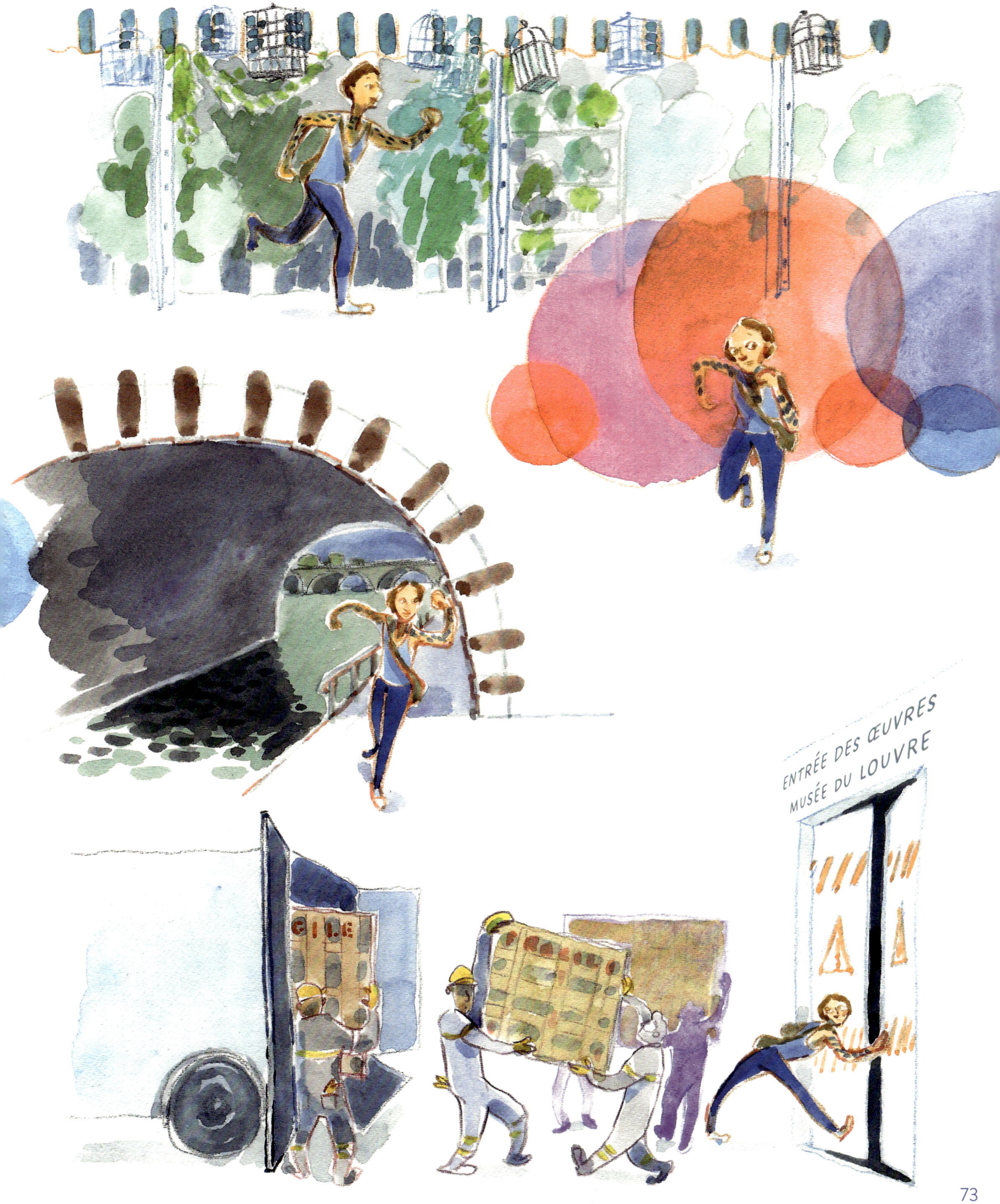
ENTRÉE DES ŒUVRES
MUSÉE DU LOUVRE

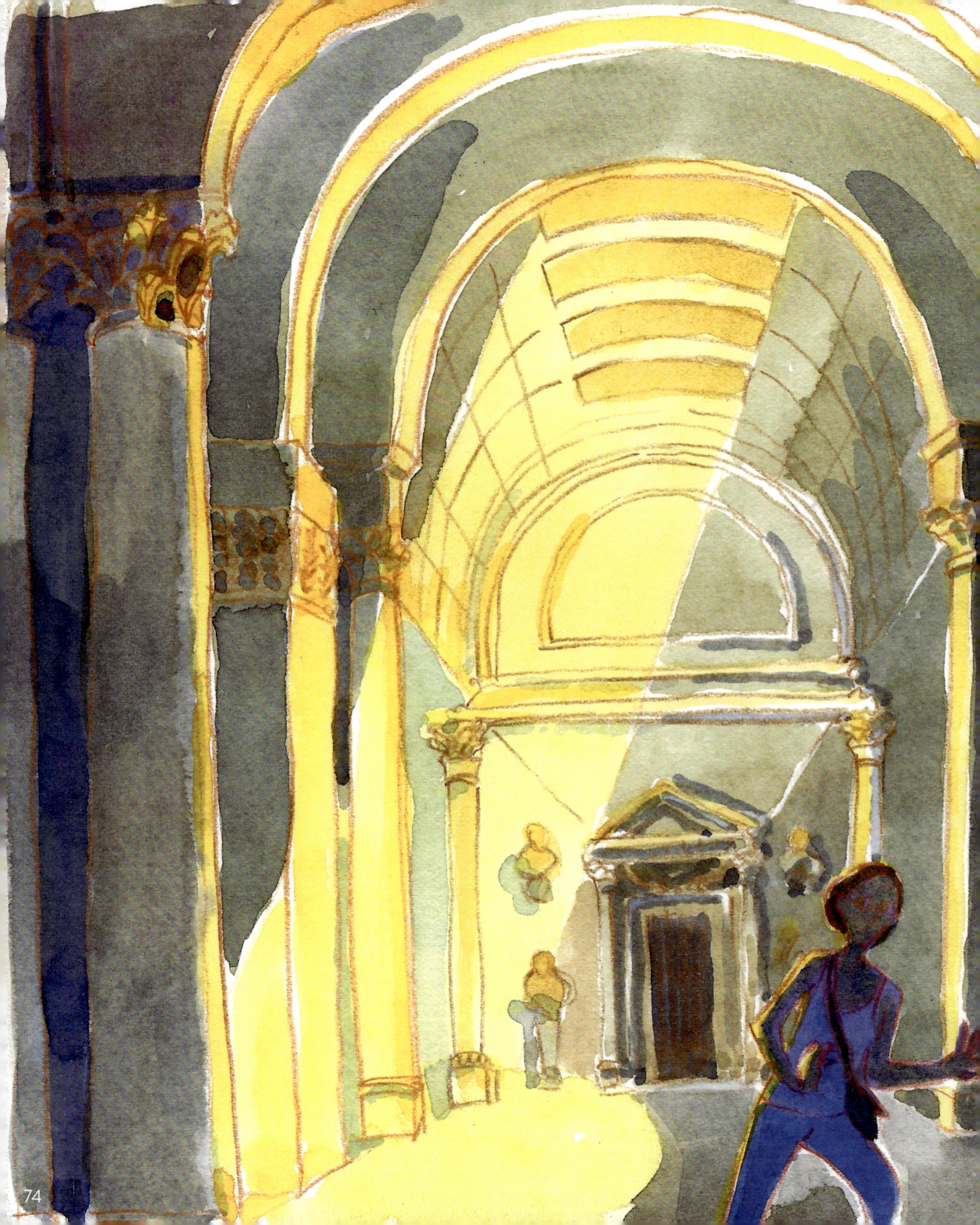

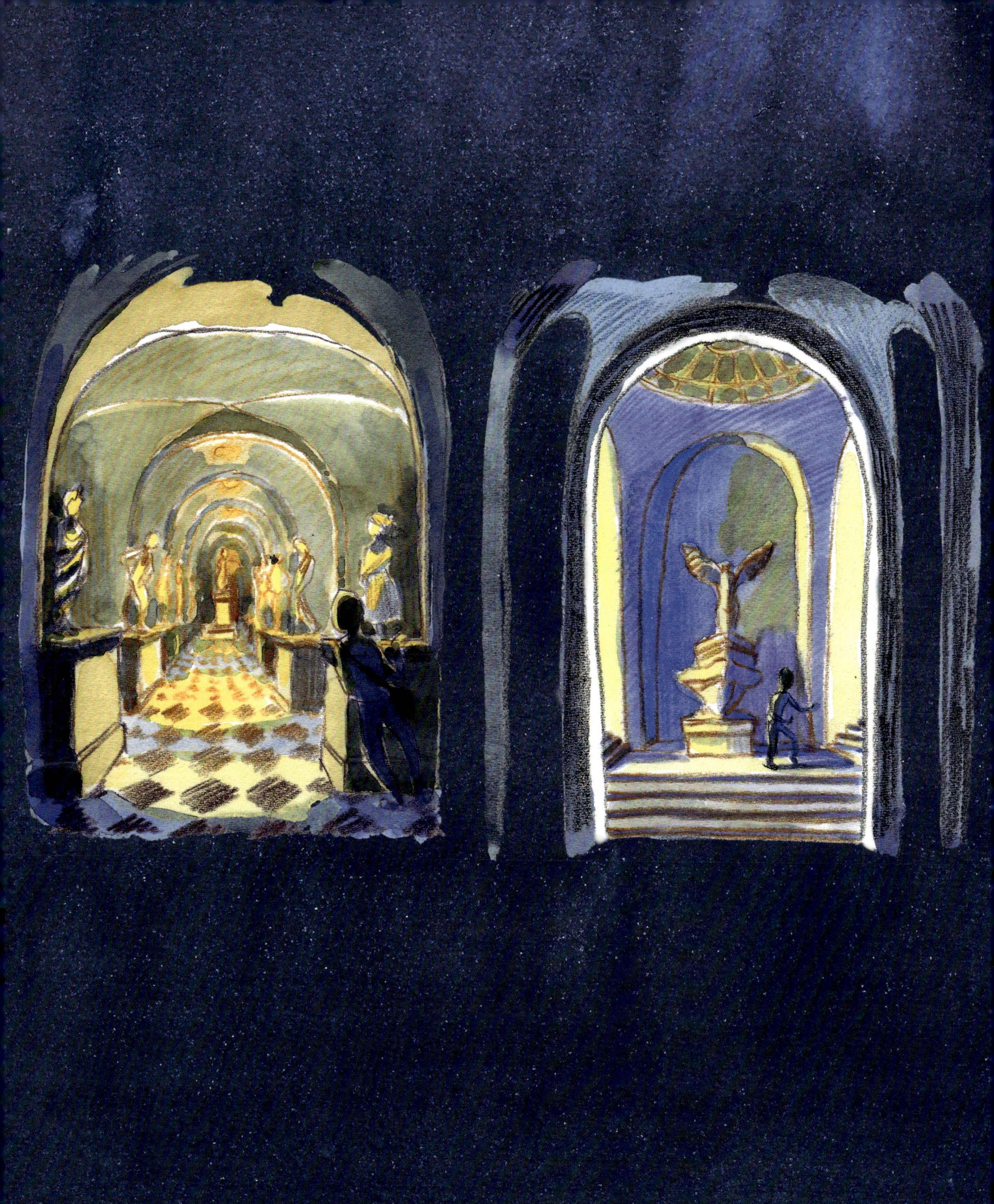

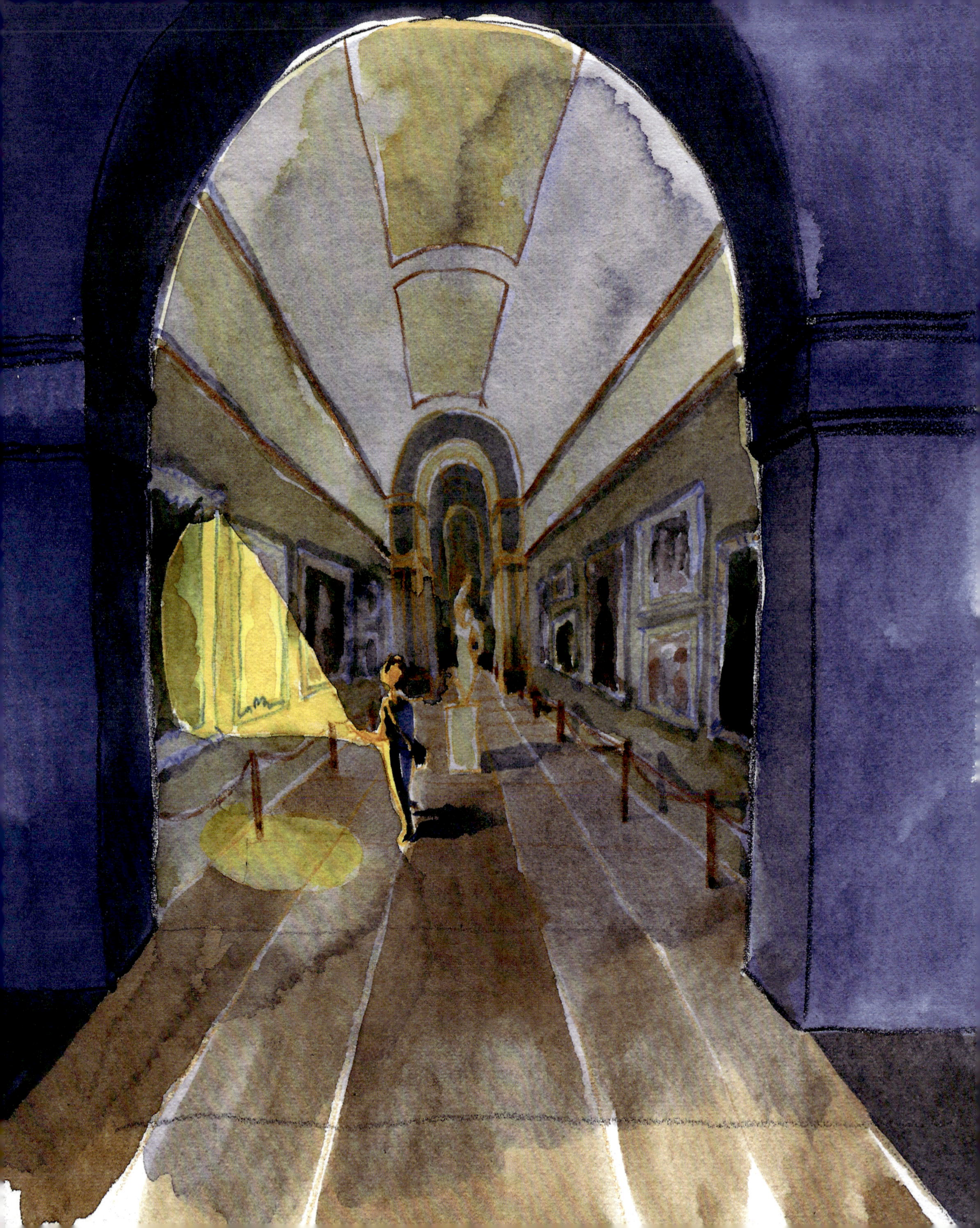

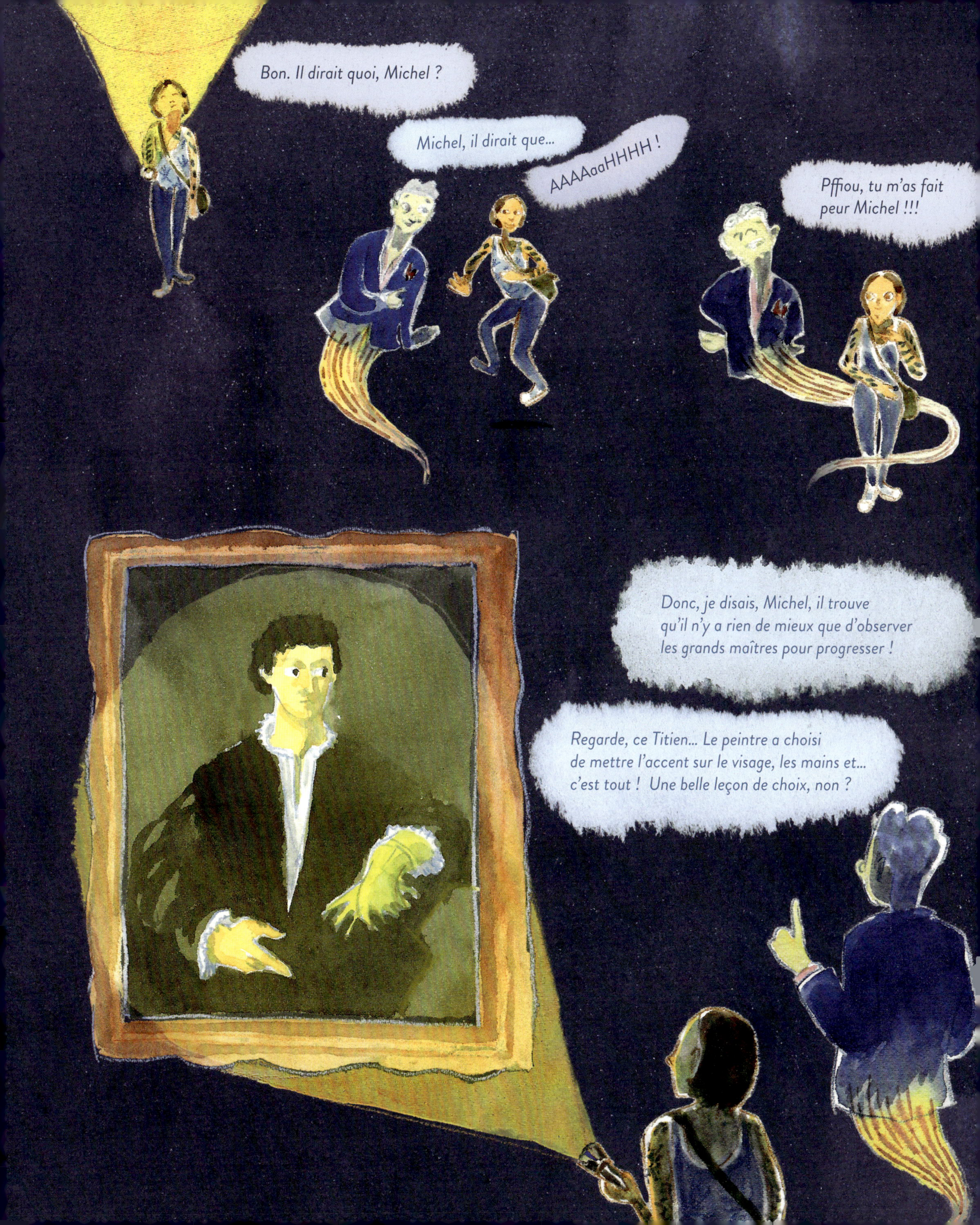
Bon. Il dirait quoi, Michel ?
Michel, il dirait que...
AAAAaaHHHH !
Pffiou, tu m'as fait peur Michel !!!
Donc, je disais, Michel, il trouve qu'il n'y a rien de mieux que d'observer les grands maîtres pour progresser !
Regarde, ce Titien... Le peintre a choisi de mettre l'accent sur le visage, les mains et... c'est tout ! Une belle leçon de choix, non ?

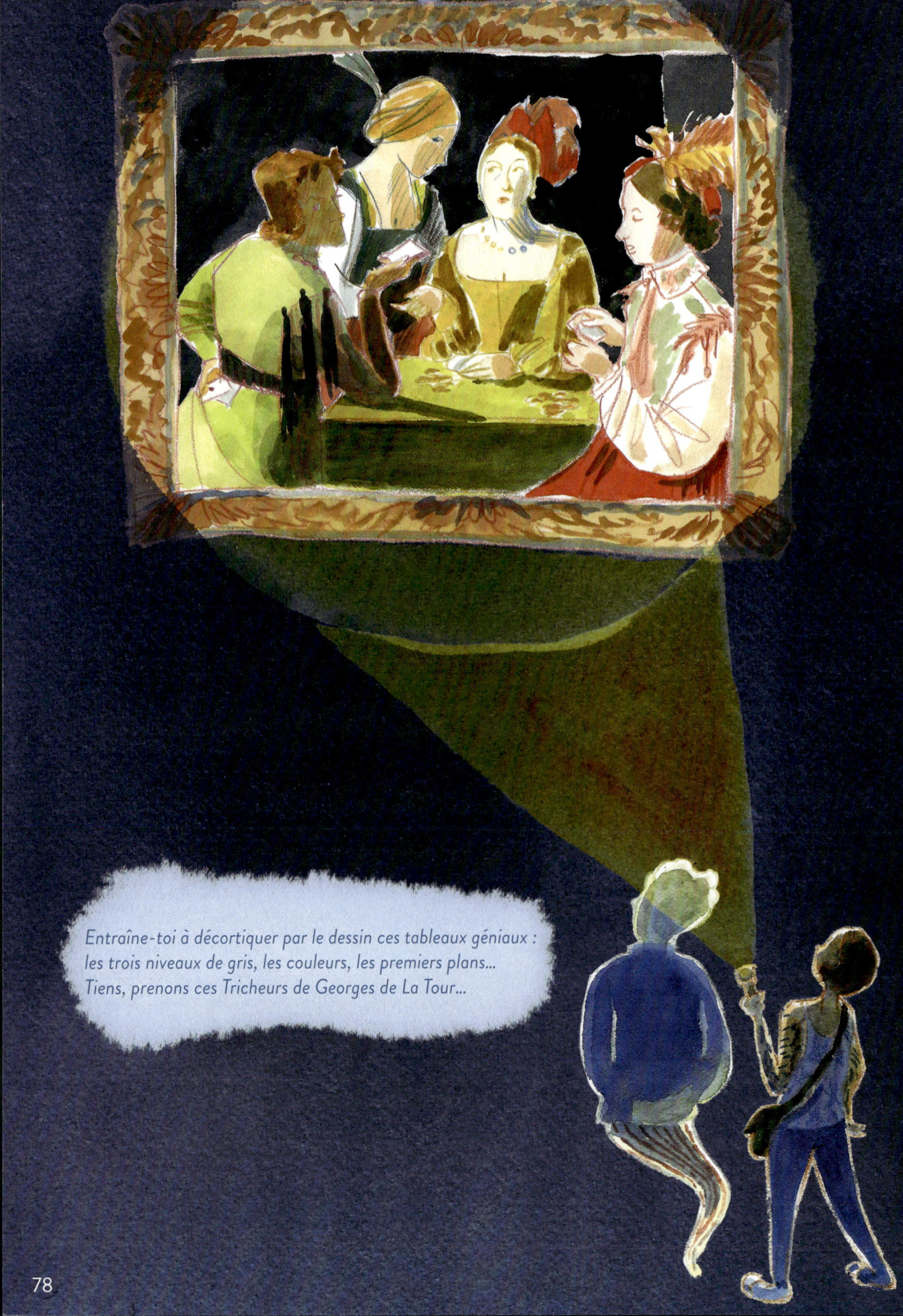
Entraîne-toi à décortiquer par le dessin ces tableaux géniaux : les trois niveaux de gris, les couleurs, les premiers plans… Tiens, prenons ces Tricheurs de Georges de La Tour…

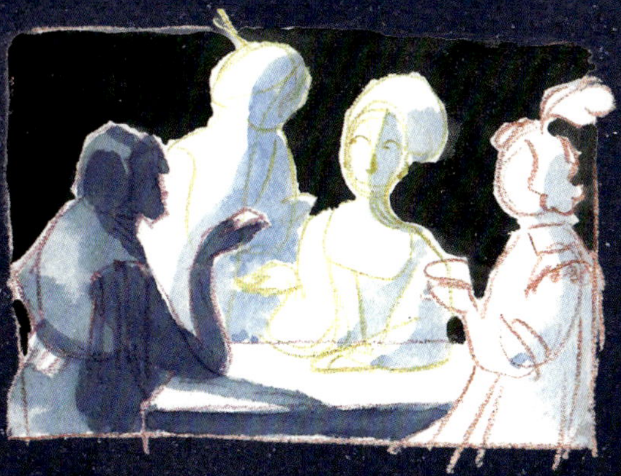

Non seulement le tricheur est très près de nous, mais il nous regarde aussi. En plus, il est dans l'ombre : il vient devant… Rien de mieux pour « entrer » dans la scène !

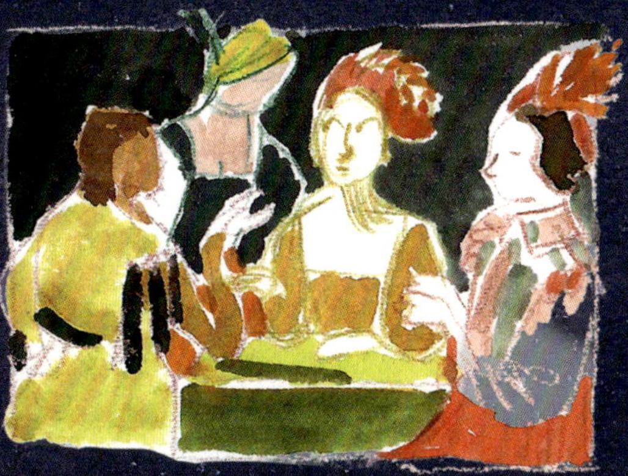

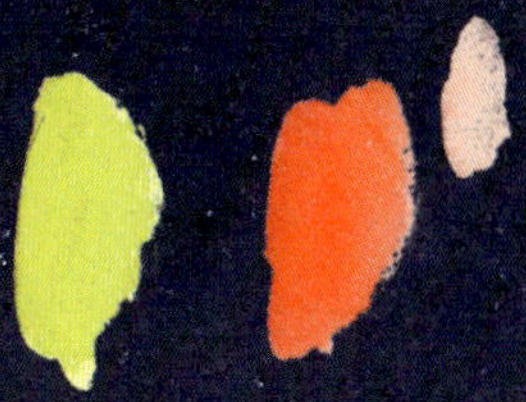

C'est une leçon de couleur : avec deux complémentaires, un vert doré et un rouge écarlate, on obtient toutes les couleurs du tableau, en les rompant l'une l'autre.

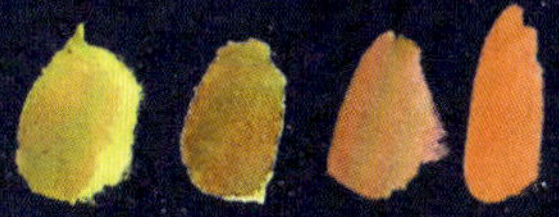

Puis une touche de bleu ajoutée au vert doré pour les verts sombres et profonds… Une touche de bleu ajoutée au rouge pour les bruns et beiges…

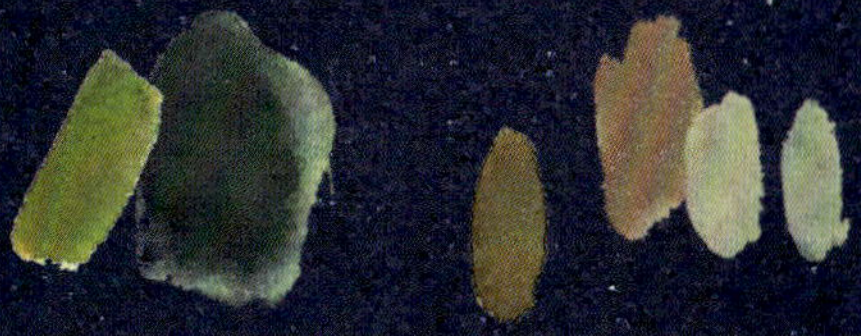

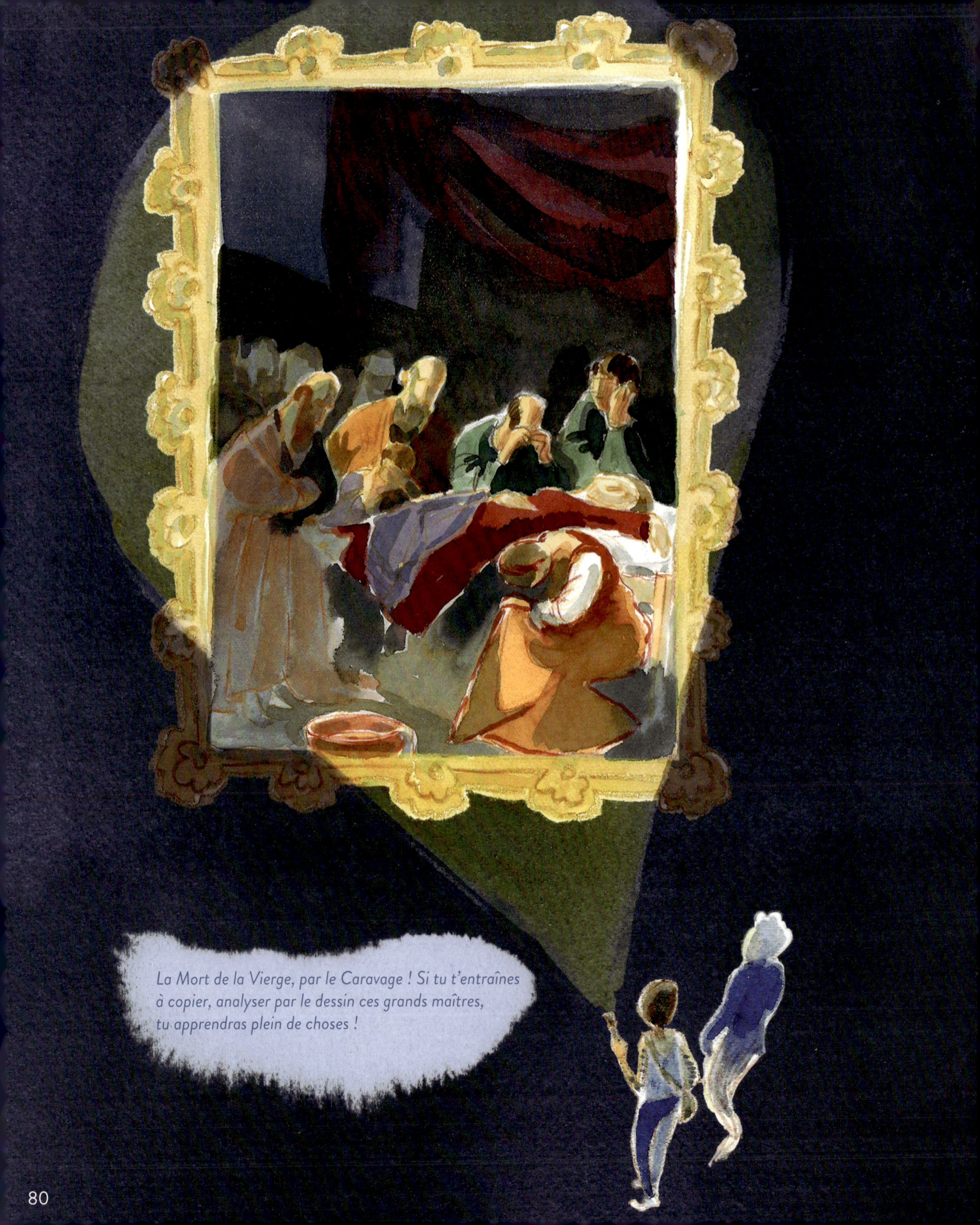
La Mort de la Vierge, par le Caravage ! Si tu t'entraînes
à copier, analyser par le dessin ces grands maîtres,
tu apprendras plein de choses !

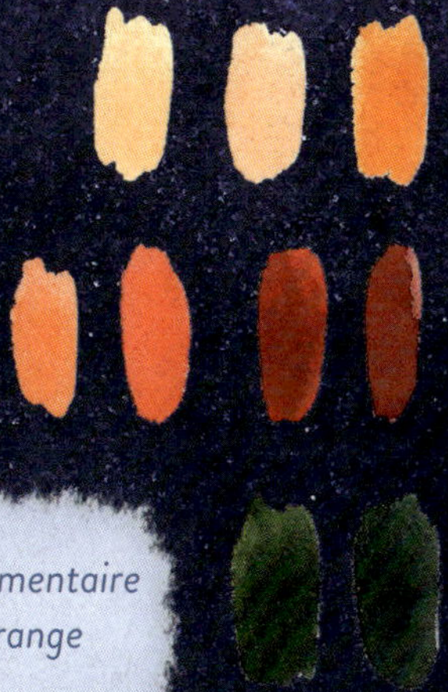

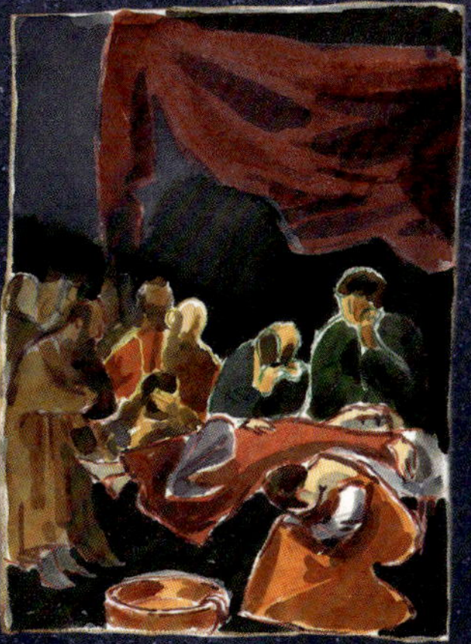

Regarde-moi ce beau contraste complémentaire avec un vert et un rouge, et l'ajout du orange pour ponctuer !

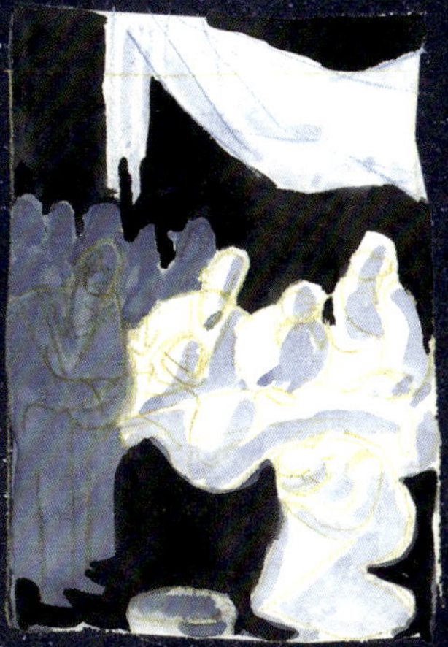

Toujours ces trois sacrés niveaux de gris ! Tu as vu comme la lumière et l'ombre séquencent le tableau...

La foule en arrière-plan, à peine esquissée pour passer derrière !

Et toujours un premier plan, tellement proche qu'il en est coupé !

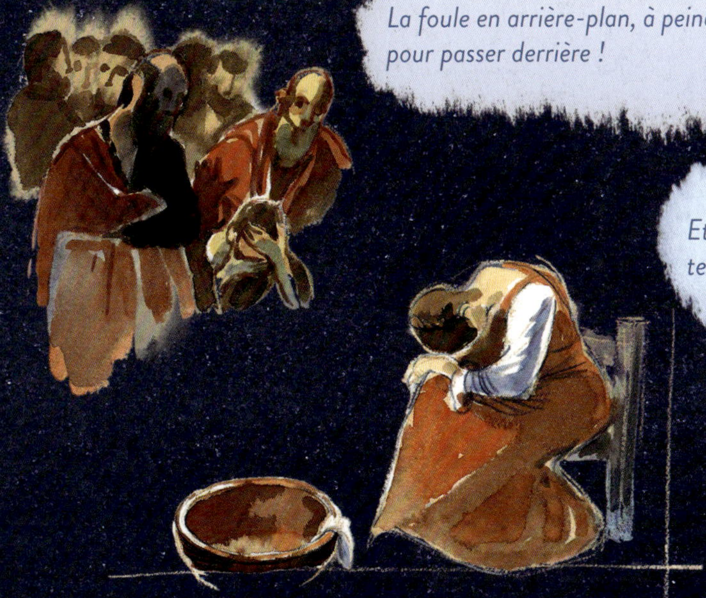

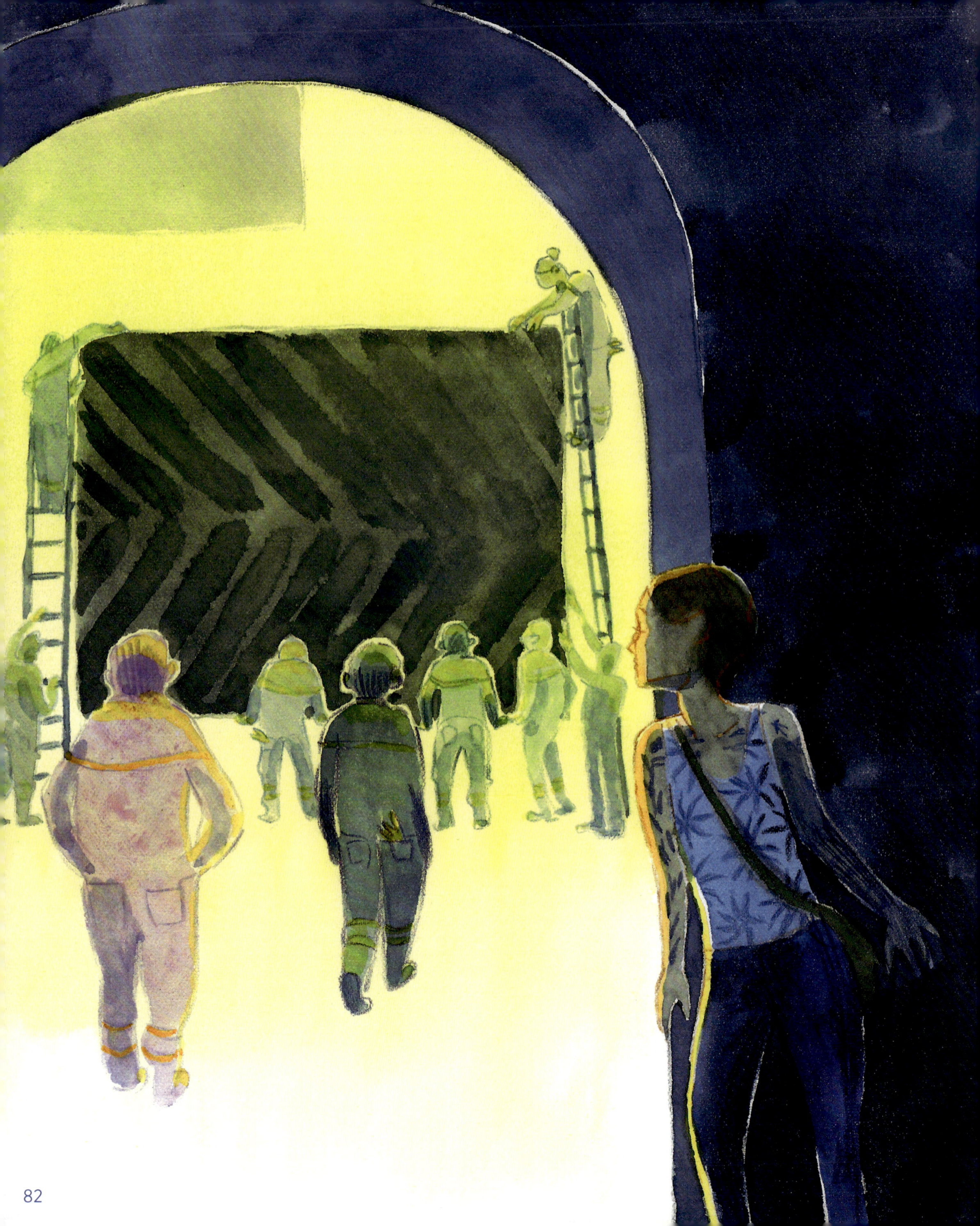

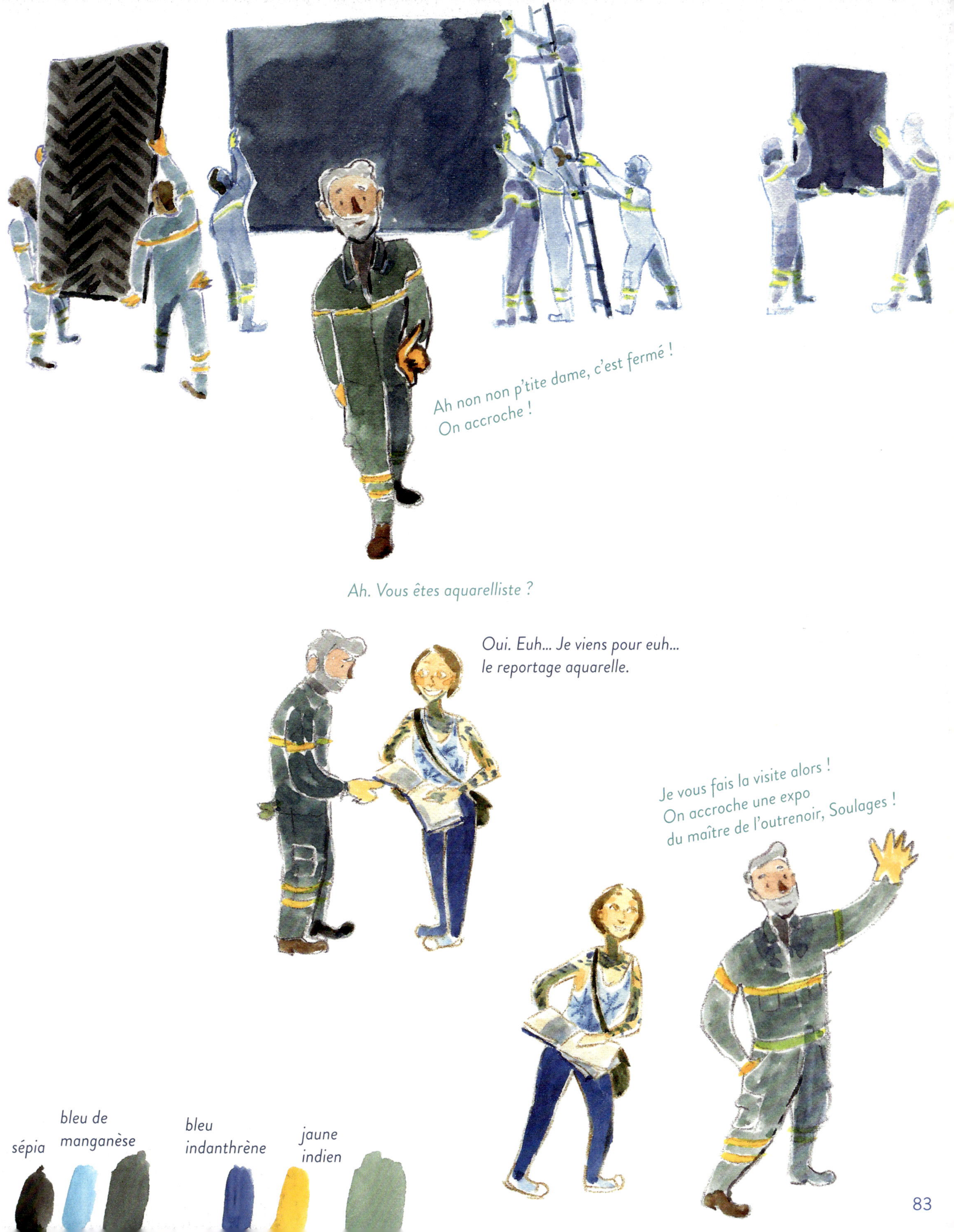
Ah non non p'tite dame, c'est fermé ! On accroche !
Ah. Vous êtes aquarelliste ?
Oui. Euh... Je viens pour euh... le reportage aquarelle.
Je vous fais la visite alors ! On accroche une expo du maître de l'outrenoir, Soulages !
sépia
bleu de manganèse
bleu indanthrène
jaune indien

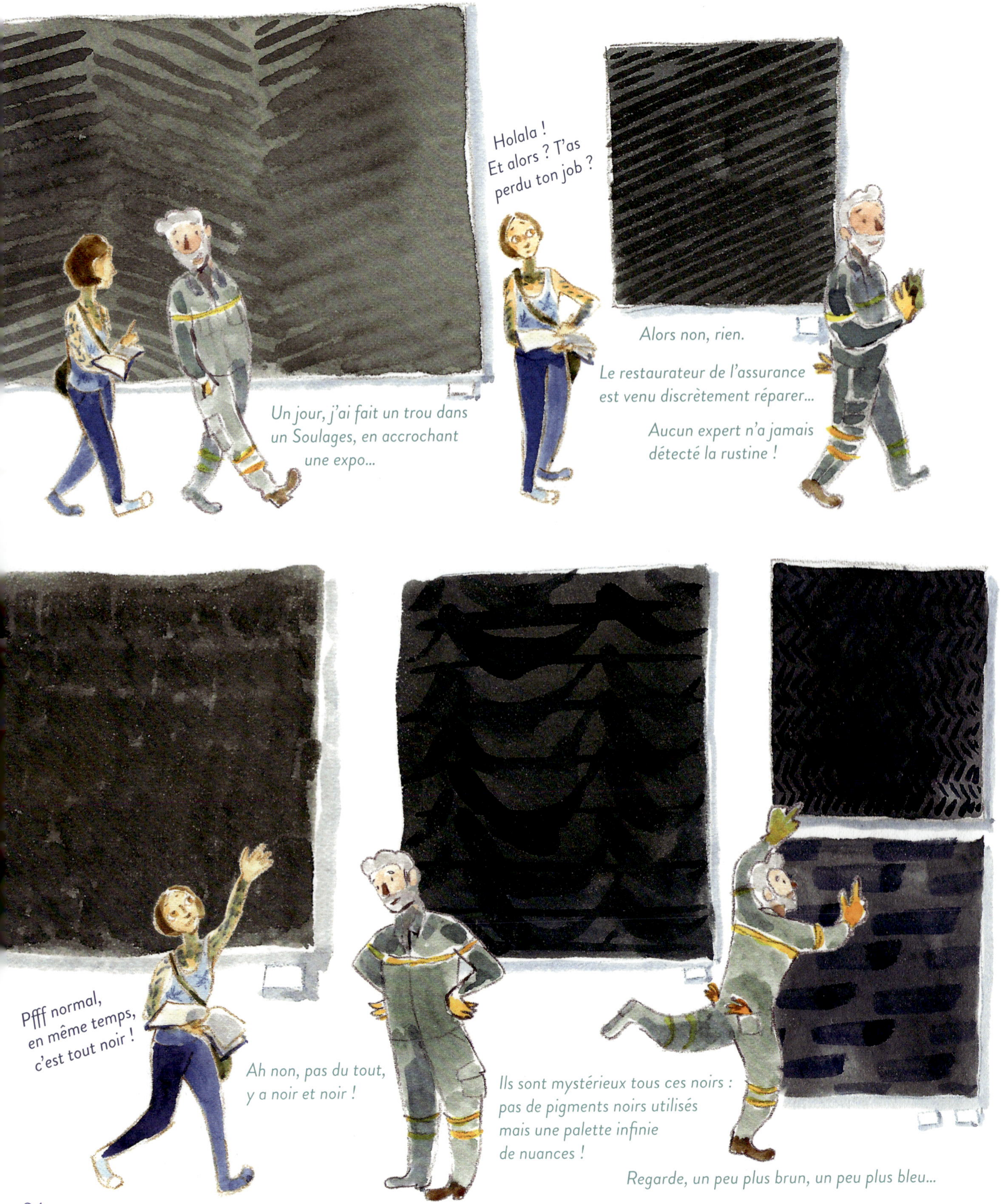
Un jour, j'ai fait un trou dans
un Soulages, en accrochant
une expo...
Holala !
Et alors ? T'as
perdu ton job ?
Alors non, rien.
Le restaurateur de l'assurance
est venu discrètement réparer...
Aucun expert n'a jamais
détecté la rustine !
Pfff normal,
en même temps,
c'est tout noir !
Ah non, pas du tout,
y a noir et noir !
Ils sont mystérieux tous ces noirs :
pas de pigments noirs utilisés
mais une palette infinie
de nuances !
Regarde, un peu plus brun, un peu plus bleu...

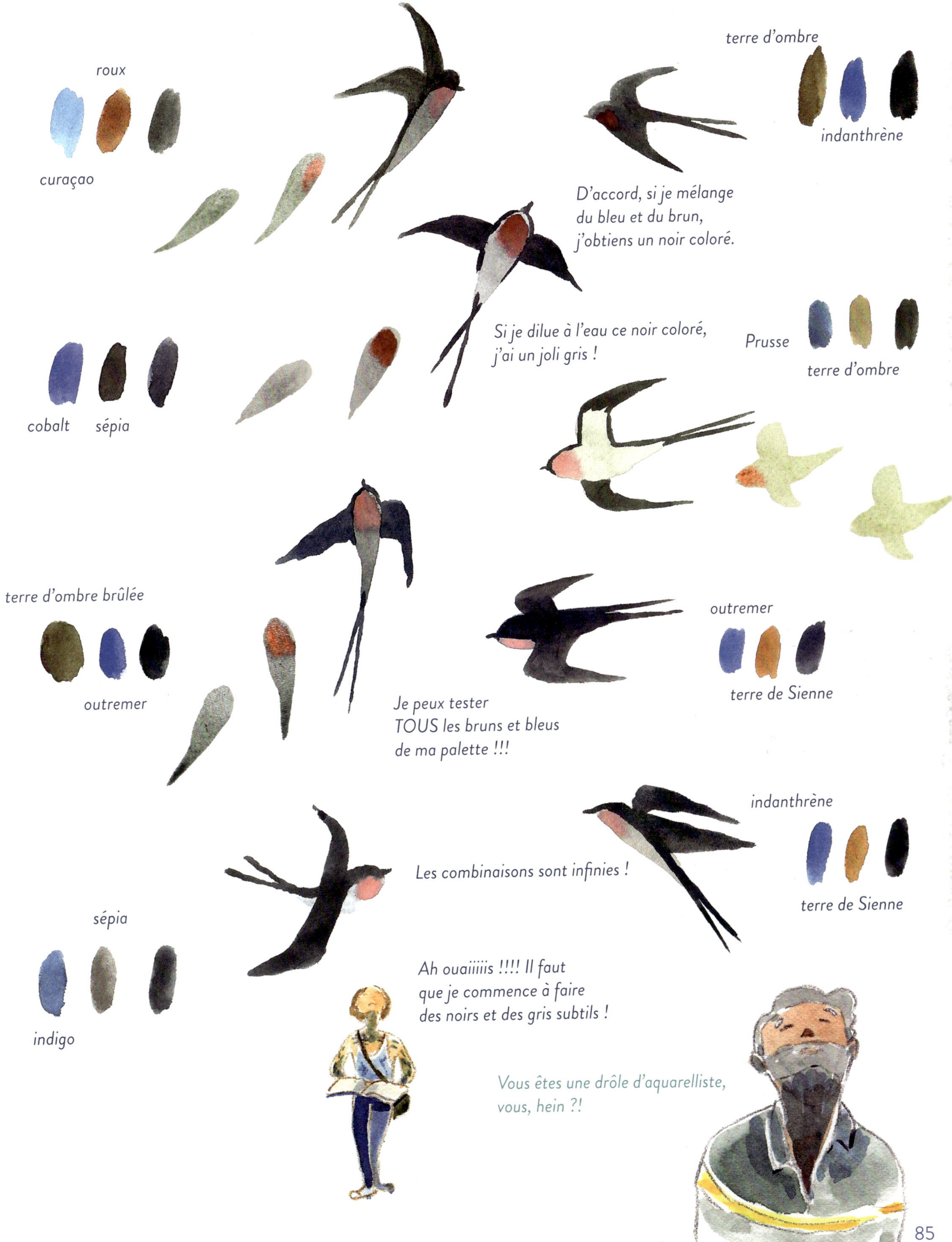
roux
curaçao
terre d'ombre
indanthrène
D'accord, si je mélange
du bleu et du brun,
j'obtiens un noir coloré.
Si je dilue à l'eau ce noir coloré,
j'ai un joli gris !
Prusse
terre d'ombre
cobalt
sépia
terre d'ombre brûlée
outremer
outremer
terre de Sienne
Je peux tester
TOUS les bruns et bleus
de ma palette !!!
indanthrène
terre de Sienne
Les combinaisons sont infinies !
sépia
indigo
Ah ouaiiiiis !!!! Il faut
que je commence à faire
des noirs et des gris subtils !
Vous êtes une drôle d'aquarelliste,
vous, hein ?!

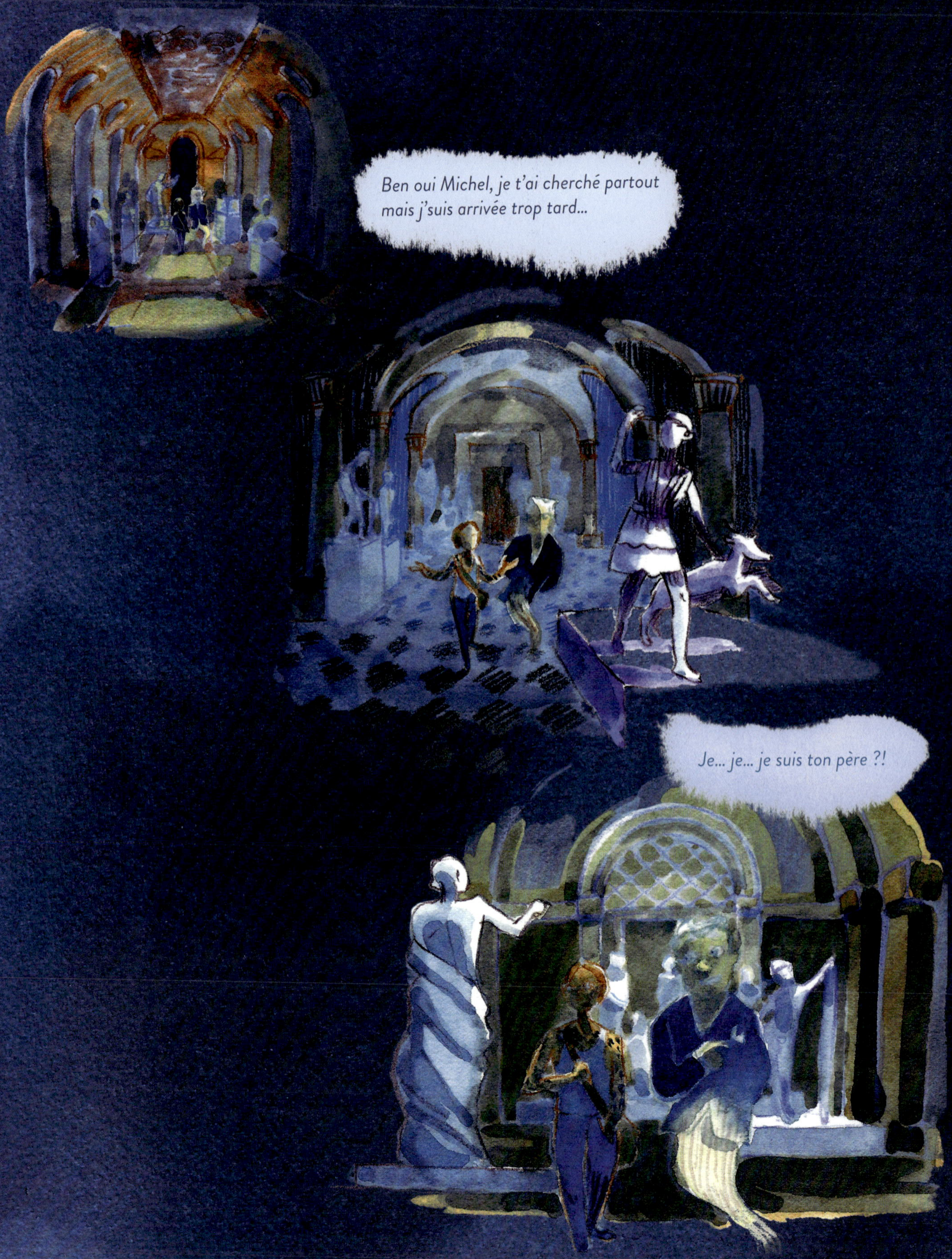
Ben oui Michel, je t'ai cherché partout mais j'suis arrivée trop tard...
Je... je... je suis ton père ?!

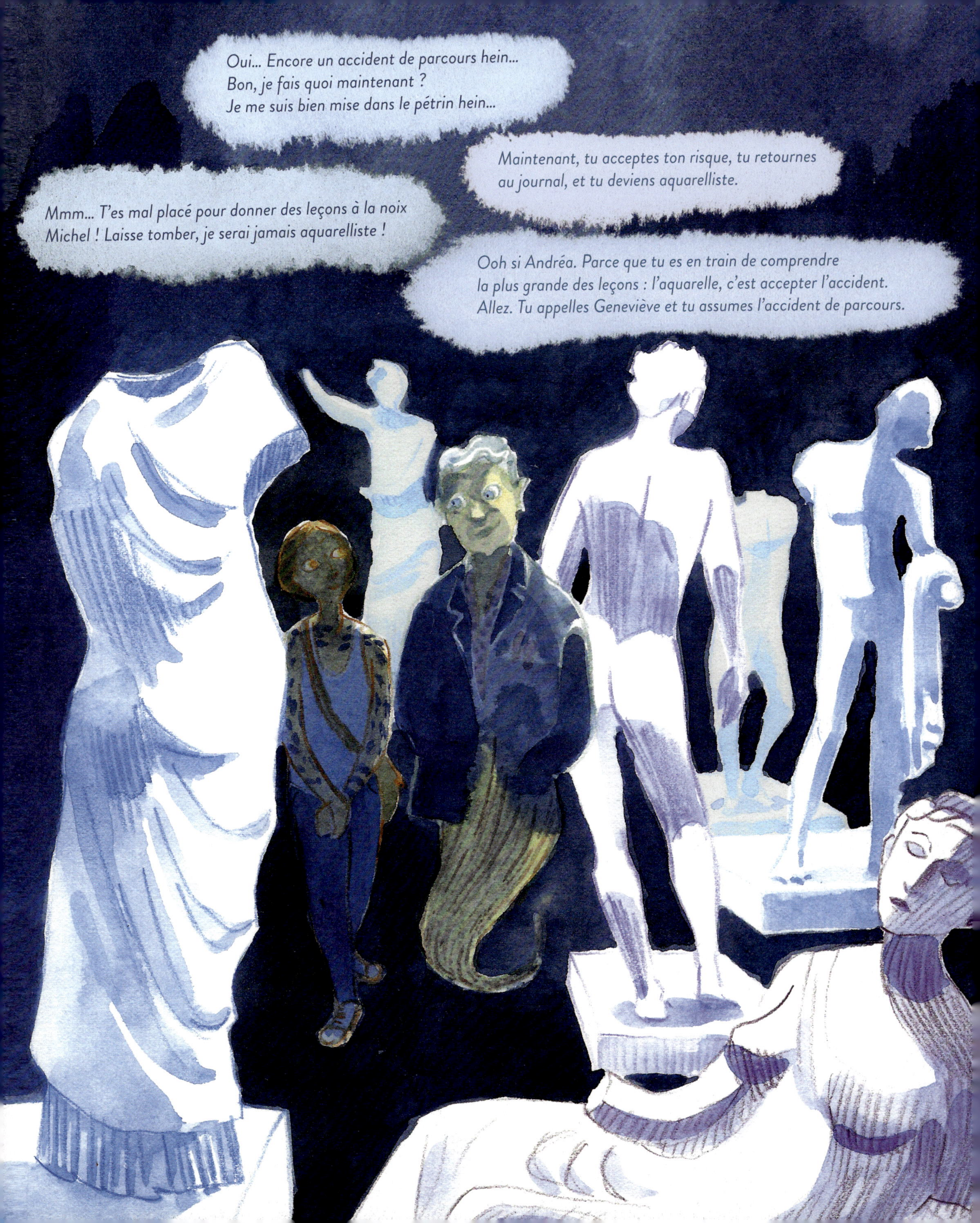
Oui... Encore un accident de parcours hein... Bon, je fais quoi maintenant ? Je me suis bien mise dans le pétrin hein...
Maintenant, tu acceptes ton risque, tu retournes au journal, et tu deviens aquarelliste.
Mmm... T'es mal placé pour donner des leçons à la noix Michel ! Laisse tomber, je serai jamais aquarelliste !
Ooh si Andréa. Parce que tu es en train de comprendre la plus grande des leçons : l'aquarelle, c'est accepter l'accident. Allez. Tu appelles Geneviève et tu assumes l'accident de parcours.

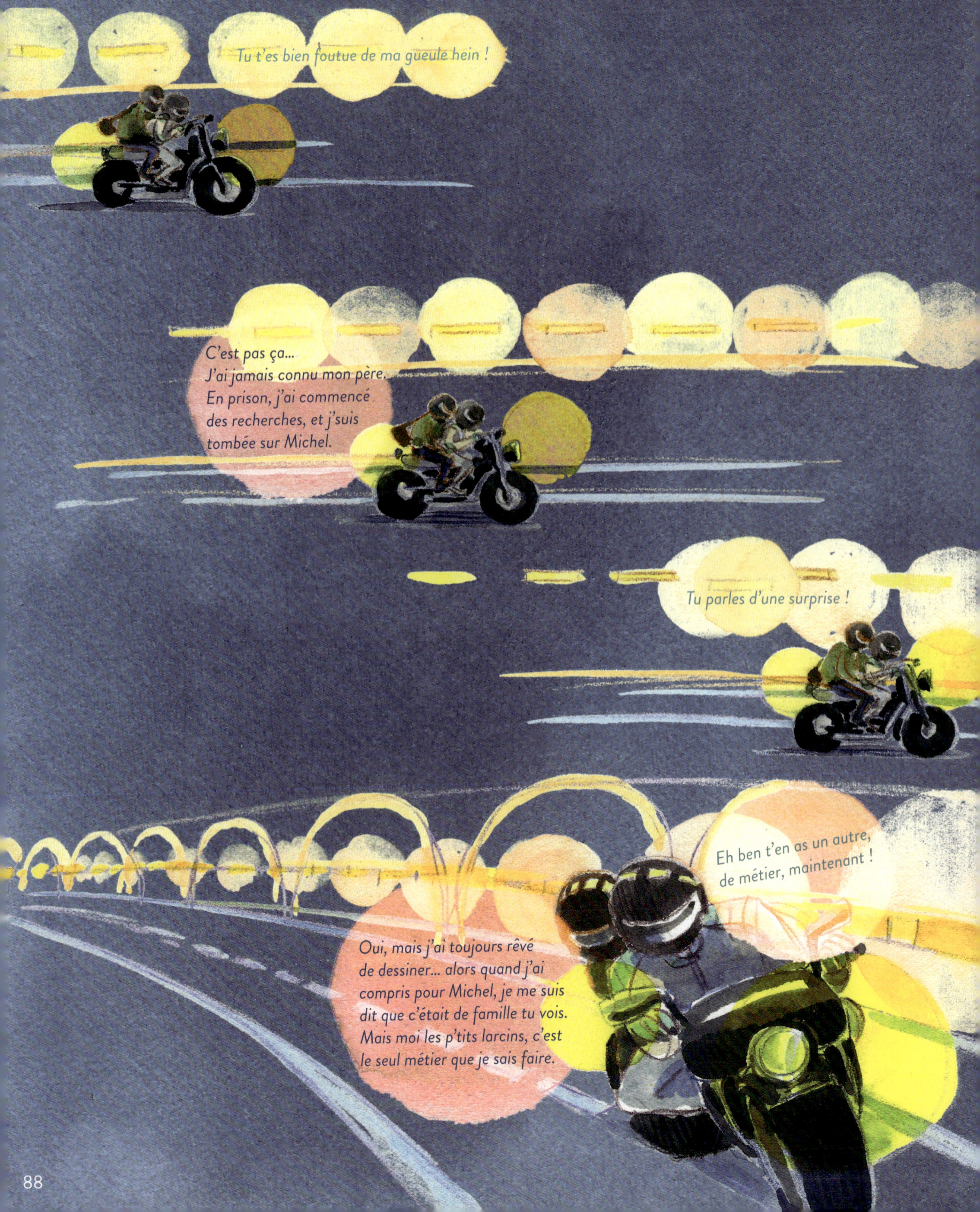

Tu t'es bien foutue de ma gueule hein !
C'est pas ça... J'ai jamais connu mon père. En prison, j'ai commencé des recherches, et j'suis tombée sur Michel.
Tu parles d'une surprise !
Eh ben t'en as un autre, de métier, maintenant !
Oui, mais j'ai toujours rêvé de dessiner... alors quand j'ai compris pour Michel, je me suis dit que c'était de famille tu vois. Mais moi les p'tits larcins, c'est le seul métier que je sais faire.

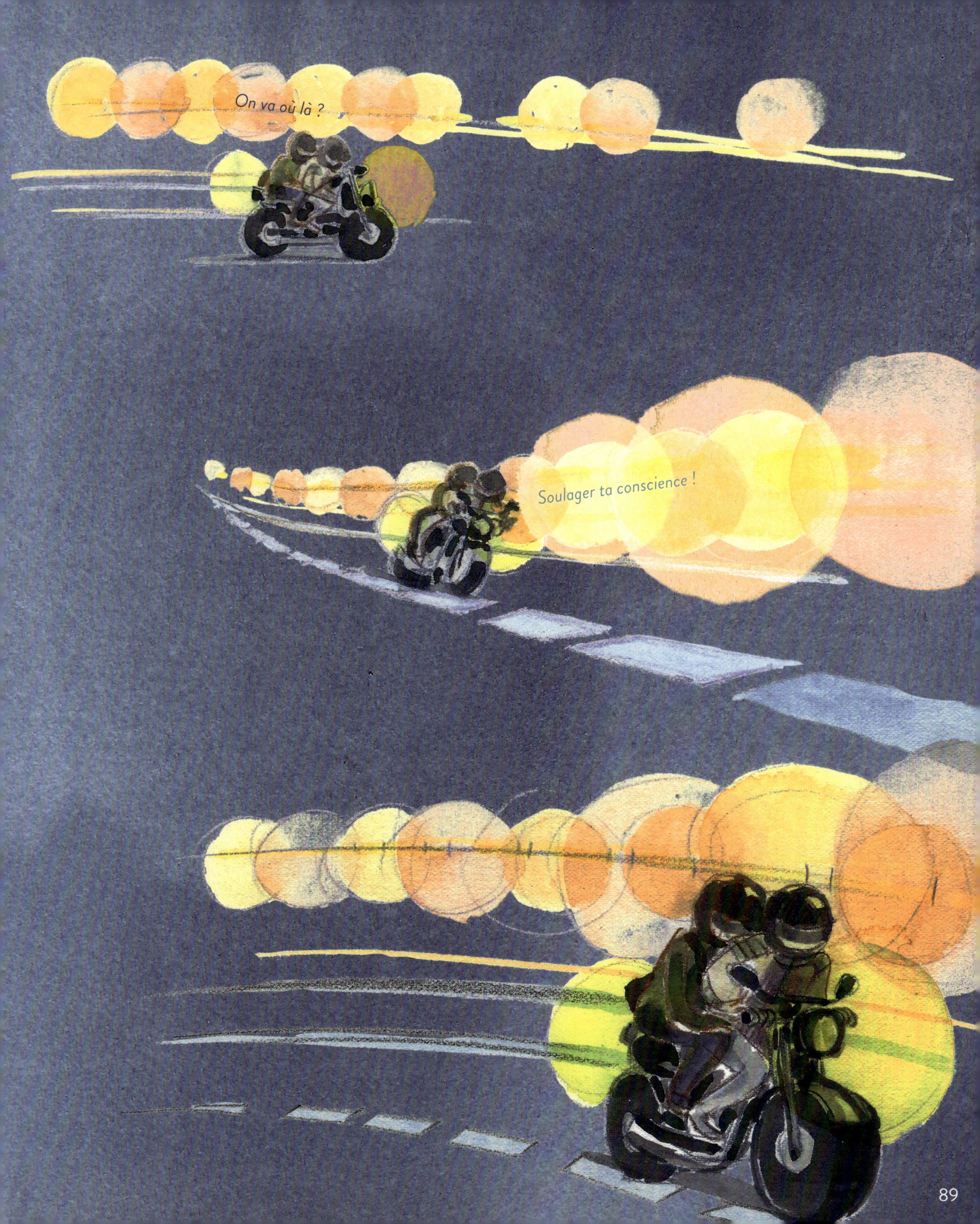
On va où là ?
Soulager ta conscience !

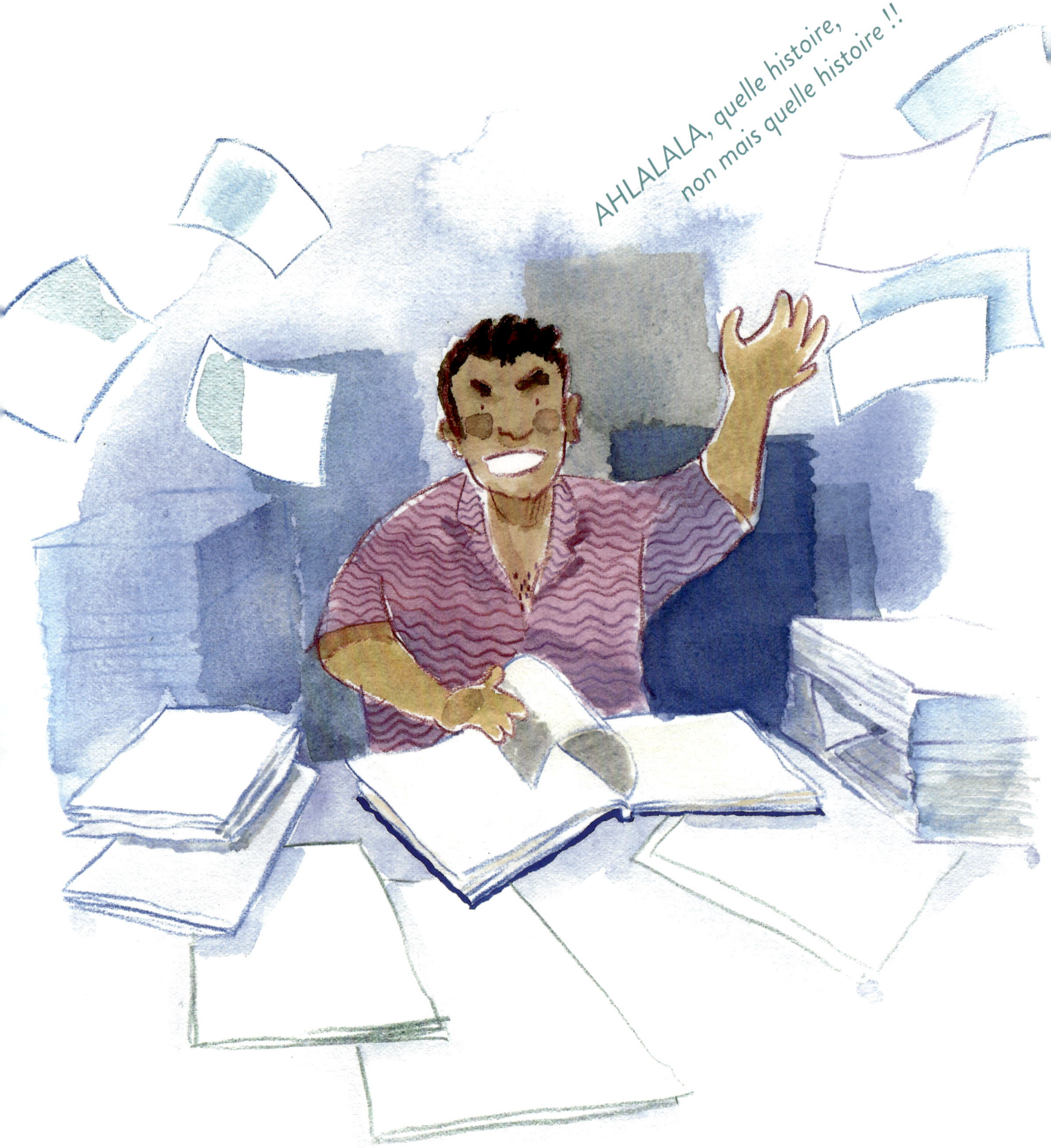
AHLALALA, quelle histoire,
non mais quelle histoire !!

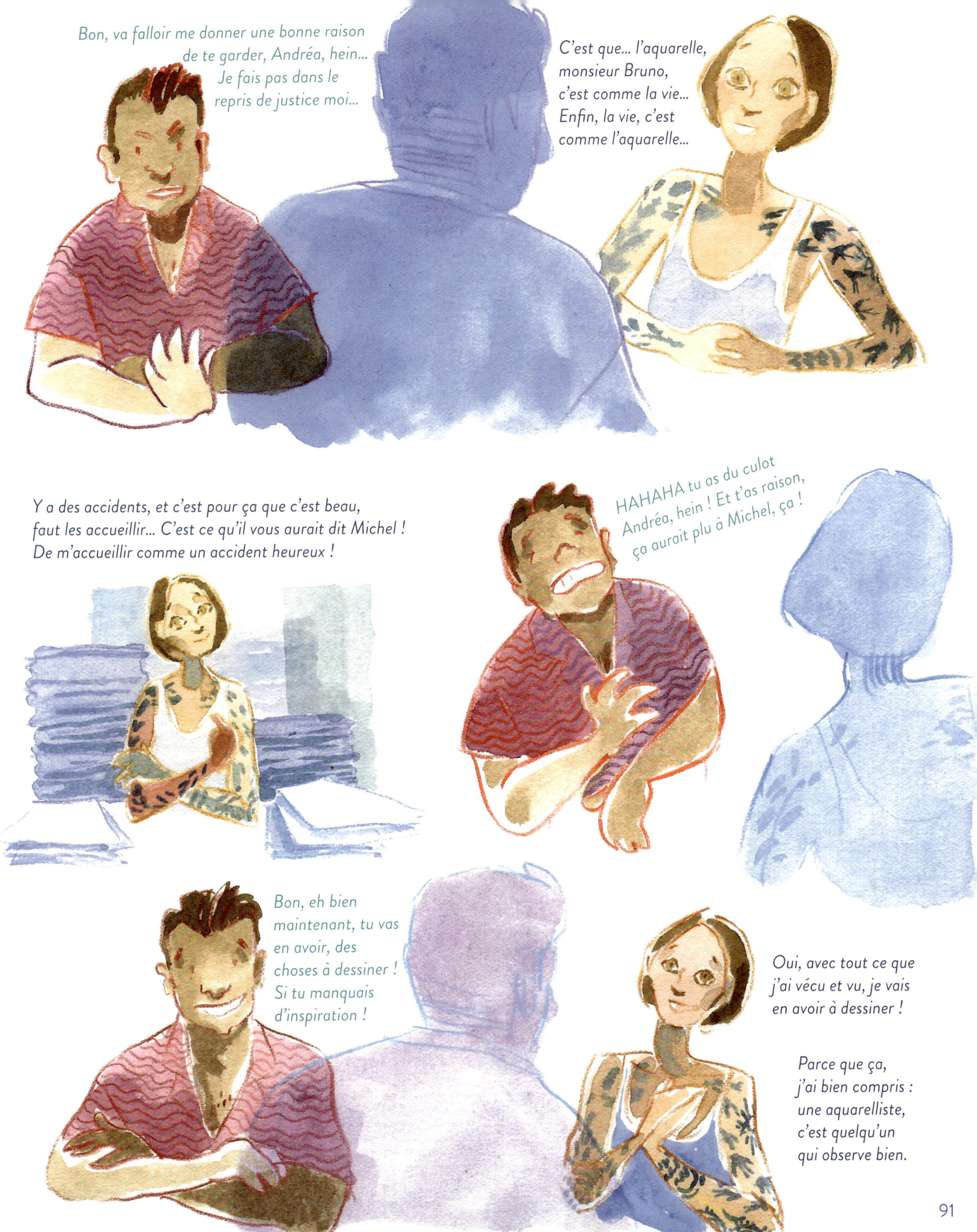
Bon, va falloir me donner une bonne raison de te garder, Andréa, hein... Je fais pas dans le repris de justice moi...
C'est que... l'aquarelle, monsieur Bruno, c'est comme la vie... Enfin, la vie, c'est comme l'aquarelle...
Y a des accidents, et c'est pour ça que c'est beau, faut les accueillir... C'est ce qu'il vous aurait dit Michel ! De m'accueillir comme un accident heureux !
HAHAHA tu as du culot Andréa, hein ! Et t'as raison, ça aurait plu à Michel, ça !
Bon, eh bien maintenant, tu vas en avoir, des choses à dessiner ! Si tu manquais d'inspiration !
Oui, avec tout ce que j'ai vécu et vu, je vais en avoir à dessiner !
Parce que ça, j'ai bien compris : une aquarelliste, c'est quelqu'un qui observe bien.

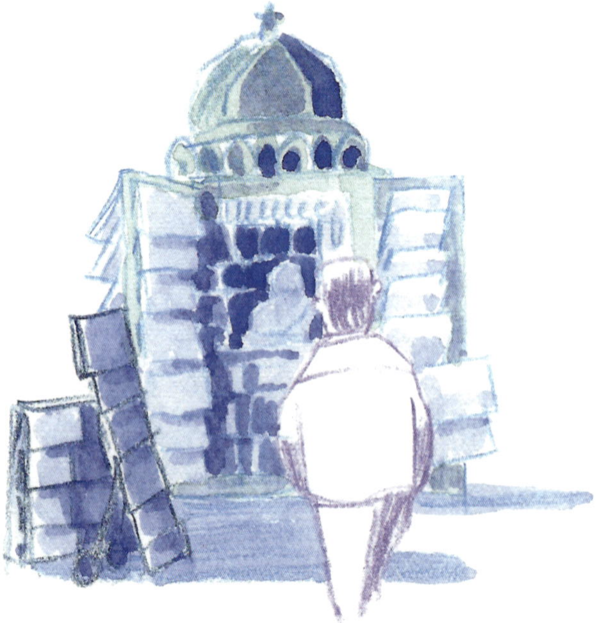

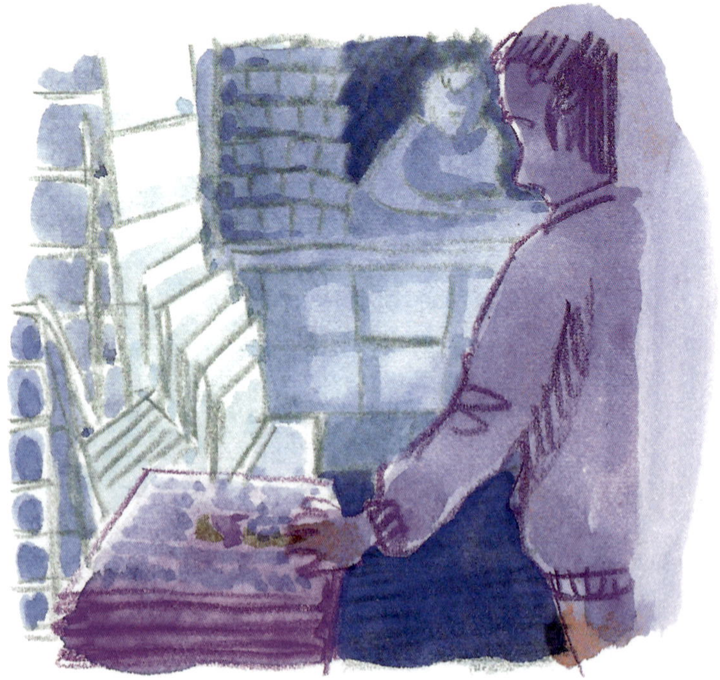

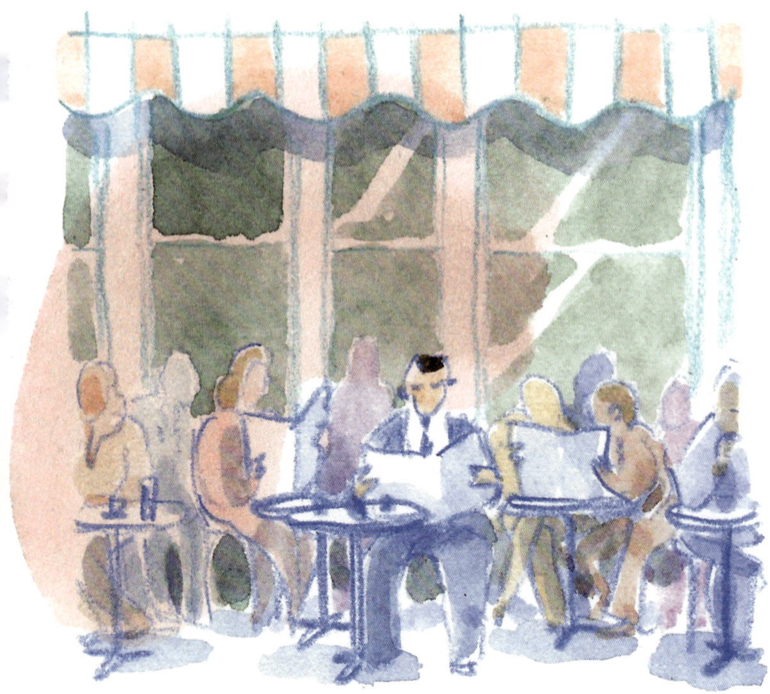

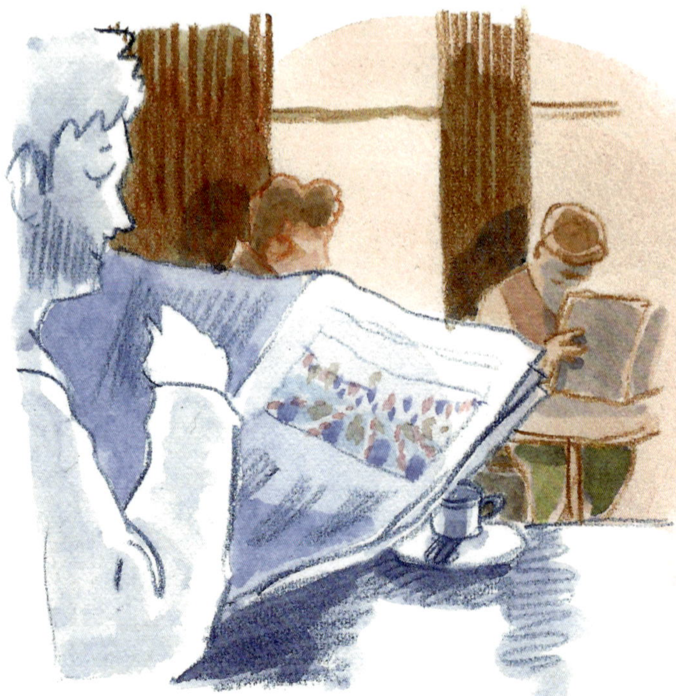

rose opéra lumineux

écarlate de cadmium

golden green

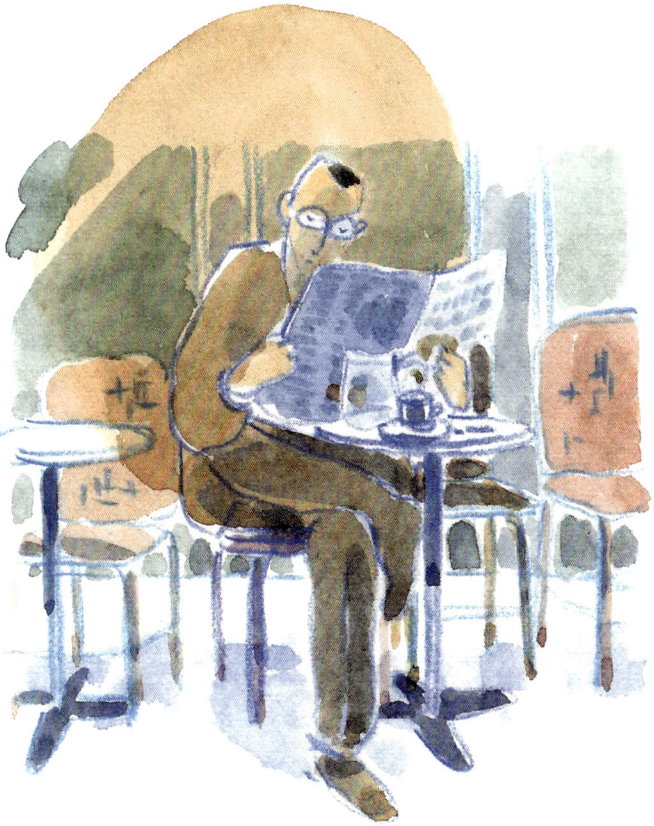

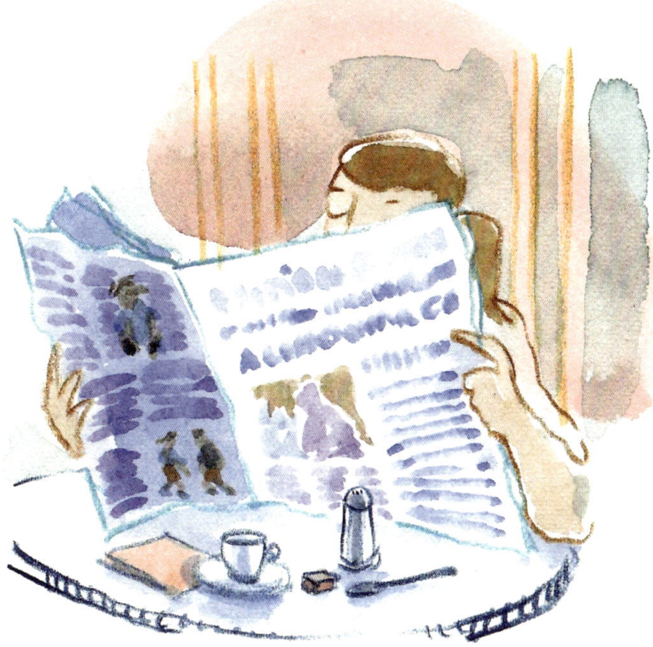

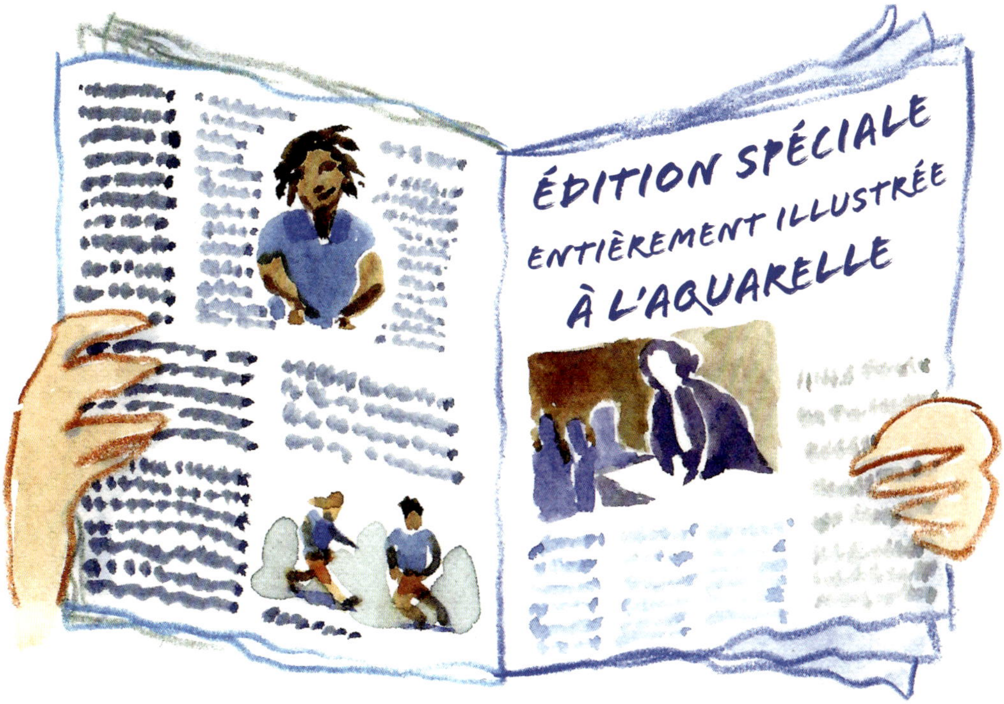

bleu outremer

cobalt violet

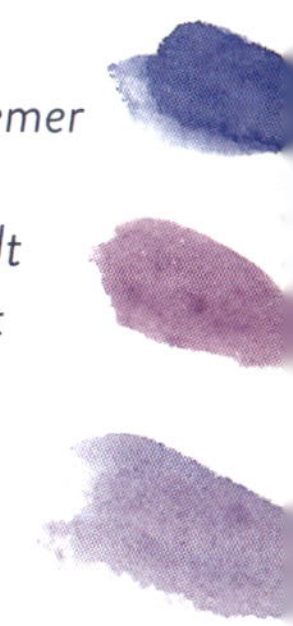

cobalt turquoise light

terre de Sienne light

cobalt violet

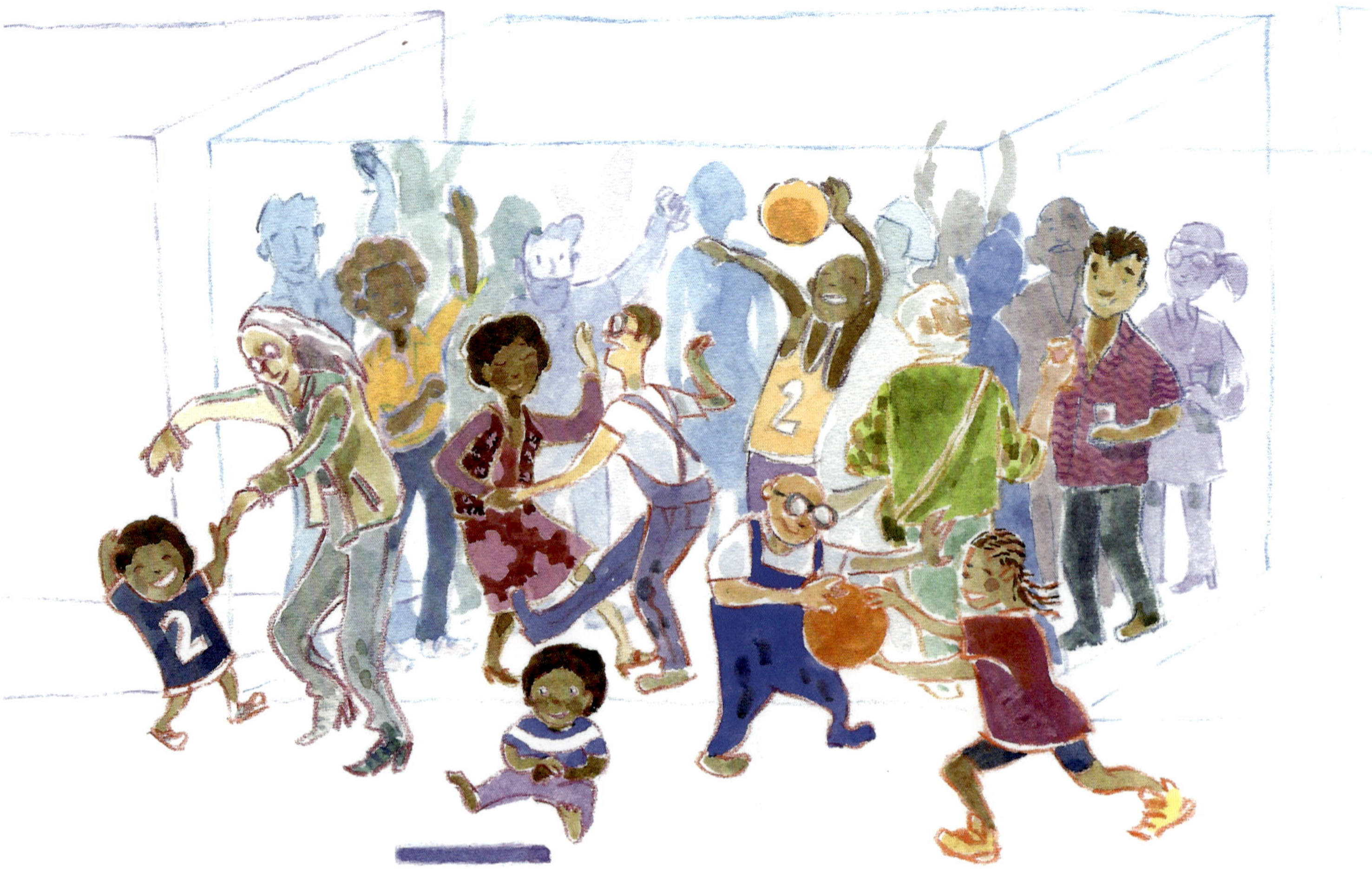

bleu céruléen

cobalt violet

rose opéra
lumineux

écarlate
de cadmium

bleu de
manganèse

terre de Sienne
brûlée

vert Hooker

golden green

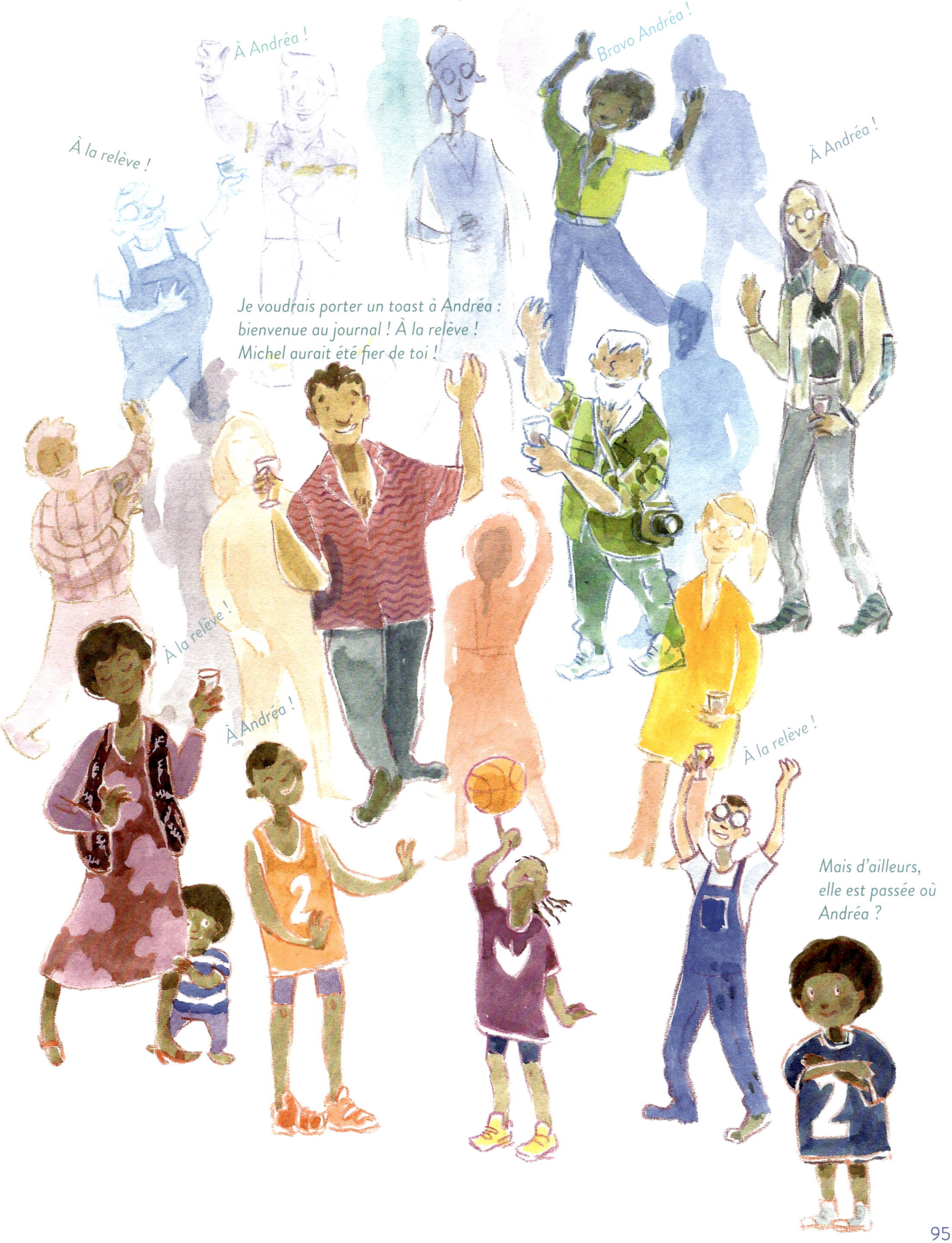
À la relève !
À Andréa !
Bravo Andréa !
À Andréa !
Je voudrais porter un toast à Andréa : bienvenue au journal ! À la relève ! Michel aurait été fier de toi !
À la relève !
À Andréa !
À la relève !
Mais d'ailleurs, elle est passée où Andréa ?

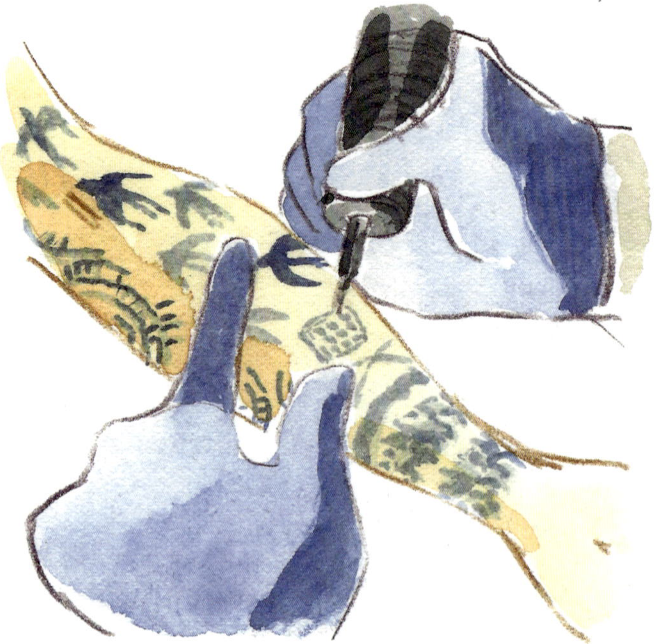

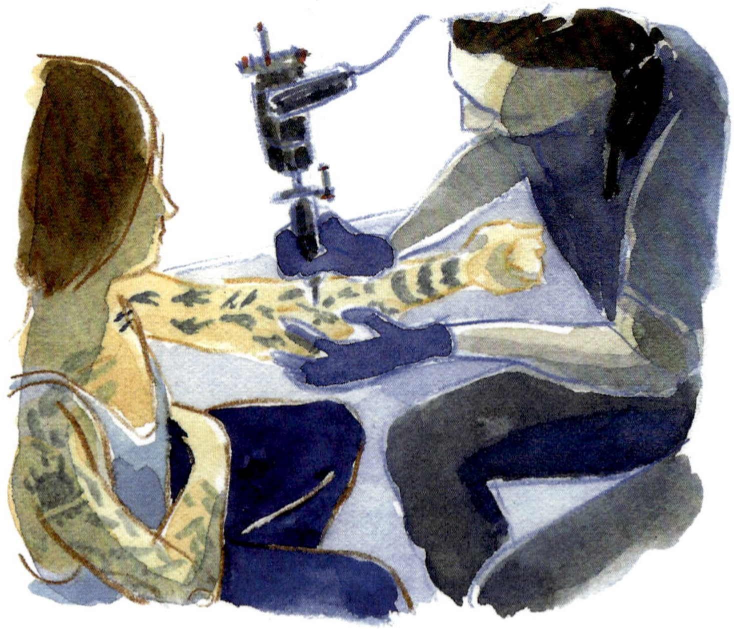

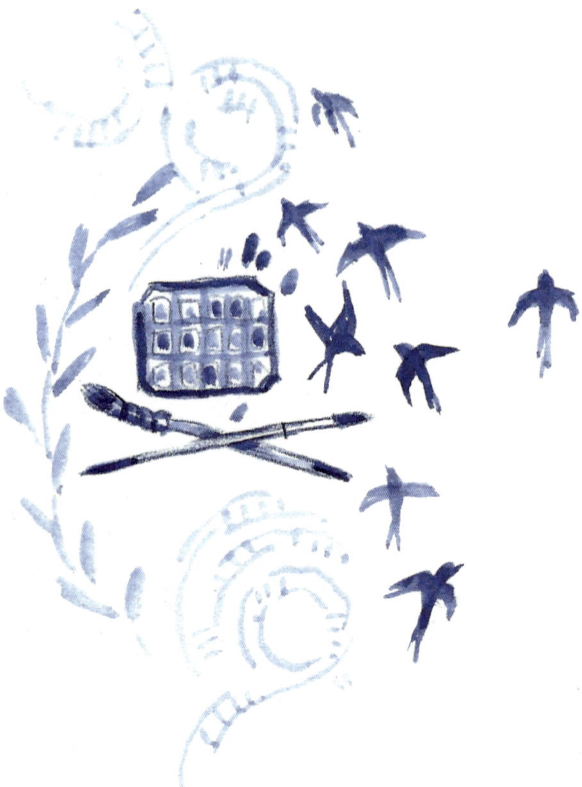